YVES GUYOT

L'ŒUVRE DE M. JULES CAMBON

LA POLITIQUE RADICALE-SOCIALISTE EN ALGÉRIE

PARIS
ERNEST FLAMMARION, ÉDITEUR
26, RUE RACINE, PRÈS L'ODÉON

L'ŒUVRE

DE

M. JULES CAMBON

OUVRAGES DU MÊME AUTEUR

LA SCIENCE ÉCONOMIQUE (*Bibliothèque des sciences contemporaines*). Un vol. in-12, contenant 67 graphiques. 2e édition (Reinwald, édit).

L'IMPÔT SUR LE REVENU (Rapport fait au nom de la Commission du budget, 1886). Un vol. in-18, 3 fr. 50 (Guillaumin, édit.).

LA SUPPRESSION DES OCTROIS (Rapport fait à la Chambre des députés, 1888). Une brochure in-8° (Challamel, édit.).

ÉTUDES SUR LES DOCTRINES SOCIALES DU CHRISTIANISME, nouvelle édition augmentée d'une préface et d'un appendice. Un vol. in-18, 3 fr. 50 (Ernest Flammarion, édit.).

LA TYRANNIE SOCIALISTE. Un vol. in-18, 1 fr. 25 (Ch. Delagrave, édit.).

LES PRINCIPES DE 89 ET LE SOCIALISME. Un vol. in-18, 1 fr. 25 (Ch. Delagrave, édit.).

LA PROPRIÉTÉ. Origine et évolution. Réfutation de la thèse communiste de Paul Lafargue. Un vol. in-18, 3 fr. 50 (Ch. Delagrave, édit.).

TROIS ANS AU MINISTÈRE DES TRAVAUX PUBLICS. Un vol. in-18, 3 fr. 50 (Léon Chailley, édit.).

LA MORALE DE LA CONCURRENCE. Une brochure. (*Questions du temps présent.*) (Armand Colin et Cie, édit.).

LES TRIBULATIONS DE M. FAUBERT (*L'impôt sur le revenu*). Une brochure in-18, 1896, 1 franc (E. Flammarion, édit.).

L'ÉCONOMIE DE L'EFFORT. Un vol. in-18, 1896, 4 francs (A. Colin, édit.).

VOYAGES ET DÉCOUVERTES DE M. FAUBERT. Un vol. in-8°, 1896. 3 fr. 50 (Ernest Flammarion, éditeurs).

QUESNAY (*Petite bibliothèque économique*, 1896). (Guillaumin, éditeur).

ÉMILE COLIN — IMPRIMERIE DE LAGNY

YVES GUYOT

L'ŒUVRE

DE

M. JULES CAMBON

LA POLITIQUE RADICALE-SOCIALISTE

EN ALGÉRIE

PARIS
ERNEST FLAMMARION, ÉDITEUR
26, RUE RACINE, PRÈS L'ODÉON

PRÉFACE

Lorsque j'ai réuni, pour paraître en volume, les articles publiés dans *le Siècle* sur la politique radicale-socialiste pratiquée par M. Cambon, en Algérie, j'avais de fortes raisons de croire que la question personnelle aurait disparu le jour où ils seraient publiés. Plusieurs ministres affirmaient, dans leurs cabinets, que M. Cambon ne devait pas rester gouverneur de l'Algérie. Du reste le gouvernement devait récompenser ses actes, son opposition, son dévouement aux radicaux-socialistes par une ambassade, moins avantageuse toutefois que sa situation actuelle. Dès le mois de mai 1896, il y a onze mois, telle était l'intention du cabinet Méline. M. Cambon s'est défendu, a menacé, a fait intervenir M. Viviani, s'est fait donner, sur l'initiative des socialistes, un vote équivoque de confiance par la Chambre des députés. Le gouvernement a reculé et continue de capituler devant ce fonctionnaire récalcitrant.

Cette faiblesse a provoqué la campagne que j'ai entreprise. Elle en prouve l'utilité.

Au moment où vint à la Chambre la discussion de l'interpellation de M. Fleury-Ravarin, je lus les derniers rapports de la commission du budget, pensant qu'ils me donneraient quelques indications sur la situation de l'Algérie. Je ne me trompais pas. Je m'aperçus avec stupéfaction qu'il en ressortait que le gouverneur général de l'Algérie avait six millions de fonds dont il pouvait disposer sans contrôle effectif.

C'était dit, imprimé, prouvé dans les rapports de la commission du budget ; et, chose curieuse ! la Chambre, qui se montre si volontiers pointilleuse sur telle ou telle dépense insignifiante, qui a réduit à 1,200,000 francs les fonds secrets du ministère de l'Intérieur, qui a réduit ceux du ministère des Affaires étrangères, ne s'était pas émue. Pas un farouche radical, pas un socialiste n'avait demandé, dans une des discussions du budget de l'Algérie, comment il se faisait que le gouverneur général pût avoir de pareilles sommes à sa disposition. Les journaux radicaux-socialistes n'en avaient jamais dit un mot.

Au contraire.

Les députés radicaux-socialistes, loin de demander compte à M. Cambon de son administration, en faisaient une sorte de personnage à part dans l'Etat. Ils l'assuraient de leur confiance et lui faisaient donner une investiture par la Chambre des députés.

Les journaux socialistes, antisémites, anciens boulangistes, déliraient d'enthousiasme pour M. Cambon.

Qu'est-ce que cela voulait dire?

Etait-il admissible que le gouvernement gardât à la tête d'un poste important comme le gouvernement général de l'Algérie un homme qui avait pour amis tous ses ennemis? Comment le ministère, qui affirmait son intention de mettre de l'unité dans son administration, pouvait-il supporter qu'un des fonctionnaires les plus élevés dans la hiérarchie fût hautement l'homme de la politique de ses adversaires?

Comment le ministère pouvait-il tolérer que, tandis qu'il combattait en France la politique radicale-socialiste, son représentant en Algérie y soutînt énergiquement, hautement, cette politique?

Voilà la situation que j'ai dénoncée. J'ai commencé ma campagne sans en prévenir aucun des hommes dont on a cité les noms à ce propos. Je voulais pouvoir dire hautement, ce que je dis aujourd'hui, — qu'aucun d'eux n'a connu mes intentions; qu'une fois commencée de ma seule initiative, je l'ai poursuivie sans les consulter, comme je l'ai entendu, et je dois avouer qu'elle a contrarié quelques-uns d'entre eux.

Précisément parce que je ne leur avais demandé ni avis, ni renseignements, j'ai pu ne tenir aucun compte de leurs convenances personnelles.

J'avais l'intention, le jour où ces articles seraient publiés en volume, de les faire précéder d'un tableau d'ensemble de la situation politique et économique de l'Algérie au moment où M. Cambon y a été nommé gouverneur et de la situation où elle se trouve actuellement.

Malheureusement, atteint le dernier mois

d'une forte grippe, je n'ai pu faire cette étude à laquelle je ne renonce pas cependant pour l'avenir.

Je regrette de n'avoir pu dresser ce tableau ; car il eût montré le rôle néfaste de cette politique de scandales, déprimante sous tous les rapports ; de cette politique où la police joue le grand rôle ; de cette politique de suspicions et de calomnies qui n'a pour but que de discréditer tous les hommes dont M. Cambon peut craindre l'indépendance ou l'importance. M. Cambon a ramené à Alger les mœurs de l'administration orientale. Son principal agent est le chef de la police qui est en même temps le chef de cabinet du secrétaire général.

M. Cambon a activement travaillé en Algérie au succès de M. Samary comme député à Alger. M. Samary siège avec les socialistes. Il a activement travaillé au succès de M. Gérente, comme sénateur à Alger, et de M. Treille à Constantine. Ce n'était pas, à coup sûr, pour renforcer la majorité républicaine. On a vu son factotum, M. Thiébaud, inspirer, à la bibliothèque de la Chambre des députés, le discours que

M. Viviani prononçait le lendemain en l'honneur de M. Cambon.

M. Cambon est bien l'homme des socialistes, des anciens boulangistes, des antisémites, et de toute la tourbe qui ne vit que de scandales. N'avait-il pas promis l'affaire des phosphates ? Elle devait représenter un petit Panama ! Il peignait toute l'Algérie comme une contrée de corruption. Lui était l'Hercule qui nettoierait ces étables d'Augias. Il se présentait comme incarnant la politique de la vertu. Qui donc aurait osé toucher à lui ? On aurait pu lui dire : « Comment avez-vous laissé germer, mûrir, grossir, cette affaire des phosphates sans vous en apercevoir ? votre vigilance était donc en défaut ? » Et M. Cambon, loin de le nier, affirmait, au contraire, au Sénat, en juillet 1895, qu'il avait ignoré l'affaire des phosphates jusqu'en 1894. Chose étrange ! on ne lui répondait pas : « Mais alors !... »

En décembre 1895, M. Cambon ne donnait à la Chambre qu'une communication incomplète d'un télégramme officiel envoyé par lui au préfet de Constantine le 10 novembre 1892.

Et qui pouvait relever ces erreurs ?

M. Cambon passait par-dessus la tête du ministre de l'Intérieur, du gouvernement : il parlait aux Chambres comme un personnage qui n'était responsable que devant elles. Mais quels moyens de contrôle avaient les Chambres ? Comment pouvaient-elles examiner ses assertions ? Il se trouvait dans la position la plus fausse et la plus forte. Sans responsabilité effective devant le Parlement, il rejetait à l'arrière-plan les ministres seuls responsables ; et s'il y a une chose stupéfiante, c'est que les ministres et le Parlement aient toléré pendant si longtemps une situation qui était une violation flagrante de la Constitution.

J'ai reçu des renseignements nombreux de l'Algérie que je n'ai pas utilisés, parce que je ne pouvais pas les contrôler ; et pas un seul de ceux que j'ai avancés n'a pu être discuté. J'en remercie mes correspondants et les prie d'excuser mes scrupules.

J'ai reçu des renseignements aussi sur la situation économique de l'Algérie. Je regrette que mon état de santé ne me permette pas de les employer en ce moment. Ils prouveraient le caractère néfaste qu'ont eu l'administration de M. Cambon, sa politique antisémitique, l'ingérence qu'il a provoquée de l'élément indigène dans la politique européenne, les inquiétudes qu'il a suscitées par sa manière d'agir, les menaces qu'il faisait planer sur tous ceux qu'il n'avait pu parvenir à inféoder à sa politique.

L'œuvre du successeur de M. Cambon — qui, en dépit de ses intrigues et de ses menaces, ne reste gouverneur qu'à titre précaire — demandera autant de décision que de sang-froid. Car M. Cambon a travaillé consciencieusement, pendant cinq ans, à organiser l'anarchie en Algérie ; et ce n'est que par la conjonction de ces deux mots que je puis préciser exactement le caractère de sa politique.

YVES GUYOT.

Avril 1897.

L'ŒUVRE

DE

M. JULES CAMBON

L'INTERPELLATION FLEURY-RAVARIN

Contrôle nécessaire.

La discussion sur l'Algérie prouve l'anarchie qui existe dans nos idées sur le régime parlementaire et la singulière situation qu'occupe le gouverneur général de l'Algérie.

Tout le monde ou à peu près a parlé de la nécessité d'augmenter ses pouvoirs ; mais ce qu'il importe d'augmenter, en même temps, c'est le contrôle sur ses actes.

Actuellement, son service paraît dépendre du

ministre de l'Intérieur ; mais avec le système des rattachements, il n'y a aucune unité de contrôle ; il résulte que le gouverneur général de l'Algérie a la situation privilégiée d'être irresponsable devant tout le monde.

En même temps, il vient lui-même devant le Parlement défendre ses actes, son administration, sa politique, et il relègue le ministre de l'Intérieur au second plan.

M. Barthou, dans son discours d'Oloron, déclare que son administration est antisocialiste.

Je suppose qu'un préfet soit soutenu par les socialistes parce qu'il fait leur politique dans son département ; parce qu'il combat les députés qui font partie de la majorité gouvernementale actuelle ; je suppose qu'il y ait une interpellation sur les actes qui se passent dans ce département : jamais il ne viendrait au ministre de l'Intérieur l'idée de nommer ce préfet commissaire du gouvernement et de lui donner le droit de venir devant la Chambre soutenir une politique opposée à celle du gouvernement, avec l'appui de M. Viviani.

En faisant intervenir le gouverneur général de l'Algérie dans une discussion où son administration est en cause, c'est cependant ce que nous voyons : et nous avons entendu M. Viviani dire :

J'ajoute enfin que c'est ici que M. le gouverneur général a saisi la véritable force dont il avait besoin.

Ainsi le gouverneur général puise sa force dans « des manifestations parlementaires ». Il vient, il parle ; il n'est pas responsable devant le Parlement : c'est son ministre. Et la théorie de M. Viviani tendrait à rien moins qu'à déclarer que le gouverneur général pourrait poursuivre impunément une politique personnelle, en dehors et au-dessus de celle de son ministre, pourvu qu'il fût couvert par les applaudissements des socialistes.

S'il recevait les applaudissements des autres, M. Viviani n'aurait peut-être pas cette opinion.

Que M. Viviani ne trouve rien de choquant dans ces procédés, je le comprends.

Lui et ses amis déclarent sur tous les tons qu'ils sont antiparlementaires. Ils trouvent bons tous les moyens qui peuvent fausser le fonctionnement de la Constitution, et ils s'en vantent. Ne pouvant faire la revision en bloc, ils la font en détail.

Mais que des républicains qui n'ont pas une semblable conception de la politique acceptent ces procédés ; qu'un gouvernement tolère cet état de choses et nomme commissaire du gouvernement le gouverneur général de l'Algérie, voilà ce qui n'aurait pas lieu, si on avait quelque connaissance des principes élémentaires indispensables à l'action gouvernementale et à la subordination des fonctionnaires.

En Angleterre, il y a un ministre des Indes : est-ce qu'il s'effacerait et inviterait le vice-roi des Indes à venir expliquer sa politique devant la Chambre des communes ?

Nous avons assisté à ce singulier spectacle de voir M. Viviani et ses amis, les socialistes, qui n'ont pas assez d'injures pour le ministre de l'Intérieur, soutenir le gouverneur général de l'Algérie avec passion. M. Gérault-Richard, élu on se rappelle dans quelles conditions, écrivait hier matin en parlant de M. Cambon :

Il appartient au Parlement de le soutenir jusqu'à l'achèvement de son œuvre.

M. Gérault-Richard ajoutait que « point n'était besoin pour cela d'augmenter ses pouvoirs. » Il nous semble qu'ils sont suffisamment augmentés par la situation qui lui est faite. Ceux mêmes qui combattent la politique de rattachement, établissent un nouveau rattachement : c'est le rattachement du gouverneur général au Parlement.

Voilà le premier point que nous voulions constater.

Administration irresponsable.

Si Sarcey avait rendu compte des trois dernières séances de la Chambre, il aurait dit qu'il y avait un discours à faire qui n'a été fait par personne.

Je n'essayerai pas de le faire à mon tour, parce qu'il serait trop long et parce qu'il est trop tard. Mais cependant il y a quelques points qu'il est bon de signaler.

M. Cambon a dit mardi qu'il était un très petit compagnon à côté du vice-roi des Indes. C'est vrai. Mais il a bien eu tort de parler de ce grand personnage du haut de la tribune : car, comme je le faisais remarquer hier, jamais il n'est venu à l'idée du ministre des Indes de s'effacer derrière lui et de le faire venir exposer sa politique à la Chambre des communes.

M. Cambon a parlé de sa « présence fréquente à la tribune ». Jamais vice-roi des Indes n'a eu occasion de tenir ce langage. Il reste dans l'Inde, à son poste. Il n'en bouge pas pour venir faire des discours à Westminster et exposer une politique personnelle opposée à la politique du ministère.

M. Cambon a parlé du préfet de la Seine. Était-ce une invite au ministre de l'Intérieur de le nommer commissaire du gouvernement afin que les socialistes de la Chambre puissent en faire leur délégué auprès du conseil municipal et contre son ministre?

Il y avait une question qui n'a pas été posée avec assez de précision :

— Est-il admissible qu'un gouverneur général de l'Algérie fasse de la politique radicale-socialiste à l'aide des anciens boulangistes, alors que le cabinet actuel n'est institué que pour faire une politique tout autre, ainsi que l'a encore déclaré le ministre de l'Intérieur dans son discours d'Oloron?

M. Cambon a demandé plus de contrôle. Mais

il y a déjà longtemps qu'il est gouverneur général de l'Algérie. Il aurait pu s'apercevoir plus tôt que le contrôle manquait.

Ainsi, il a 120,000 francs de fonds secrets et 30,000 francs de fonds de sécurité. Voilà 150,000 francs de fonds secrets avoués qui ne peuvent être contrôlés que par le ministre.

Mais, en outre, le gouverneur général perçoit les fonds suivants, sur lesquels il n'y a aucun contrôle.

Tout d'abord il reçoit 500 à 600,000 francs dits du « fonds commun divisionnaire ». Cette somme est payée par les communes indigènes en territoire de commandement.

Autrefois les généraux en rendaient compte : maintenant le gouverneur les reçoit et n'en rend compte à personne.

Le gouverneur a des fonds de colonisation, sur lesquels il a installé un bureau de renseignements à la Bourse du Commerce où sont employés deux journalistes parisiens. Les dépenses de colonisation devraient servir à améliorer les villages du centre ; il y en a une partie qui sert à payer des pontonniers. Sur ressources spéciales, il reçoit 800,000 francs pour la constitution de la propriété indigène. Jamais l'emploi de ces fonds n'est contrôlé.

Vient ensuite le budget de l'Assistance publique qui échappe également au contrôle.

M. Bourlier signale certaines dépenses imputées sur ces fonds, entre autres le traitement de l'inspecteur général de la colonisation : ce fonctionnaire est en retraite. Son traitement est mandaté « frais de tournée ». Il est de notoriété qu'il ne fait pas de tournées, qu'il va passer une partie de l'année en France. Comment se fait-il que chaque mois il puisse toucher 1,000 francs dont il ne peut justifier la dépense ?

M. Bourlier a signalé aussi les « dépenses de presse, les dépenses de sûreté ».

« Il paraît qu'il existe un directeur honoraire du cabinet du gouverneur. Il n'y a de crédits que pour les anciens serviteurs indigènes. Le crédit ne suffisait pas. On a imaginé de lui attribuer le crédit spécialement destiné aux tournées des conseillers de gouvernement. On retrouve le même ex-fonctionnaire inscrit comme pensionnaire du bureau des renseignements.

» Il y a, employé à Paris par le gouverneur général, un conservateur des hypothèques, et cela depuis tantôt deux ans. Sa conservation est une des plus belles : 31,000 francs nets en 1895.

» Comment le ministre des finances peut-il consentir à une si extraordinaire situation ? Il a un remplaçant, sous-inspecteur des domaines de première classe, qui, comme c'est son droit, touche intégralement son traitement et toutes les indemnités qui lui sont dues. D'où double dépense pour l'Etat.

C'était ce conservateur des hypothèques qui inspirait le discours de M. Viviani dans la bibliothèque de la Chambre des députés.

Une vraie pétaudière.

M. Marcel Habert s'écriait dans la séance du 9 novembre :

— C'est une vraie pétaudière que l'Algérie.

Cette appréciation n'était pas dépourvue d'exactitude.

Le lendemain M. Marcel Habert avait changé d'opinion et disait :

En ce qui me concerne, si M. Fleury-Ravarin accepte de mettre en tête de son ordre du jour la phrase suivante dont la Chambre comprend la portée : « La Chambre, approuvant les efforts faits depuis quelques années pour rétablir l'ordre dans l'administration de l'Algérie... » je renonce à mon ordre du jour.

M. Fleury-Ravarin. — J'accepte cette addition.

Au moment de l'ordre du jour, l'extrême gauche, pour faire « la manifestation parlementaire » dont M. Viviani avait parlé la veille, demandait la division.

On mettait aux voix ce paragraphe : et *l'extrême gauche* s'écriait : — « Nous constatons que la Chambre s'est prononcée à l'unanimité. »

Elle ne comptait pas les abstentions : mais elle tenait à montrer, dans la plus large ampleur, « la manifestation parlementaire », qui fait du gouverneur général non plus le subordonné du ministre de l'Intérieur, mais le délégué en Algérie de la Chambre en général et des socialistes en particulier.

LA POLITIQUE SOCIALISTE EN ALGÉRIE

L'œuvre du gouverneur général.

Les articles que j'ai publiés dans le *Siècle* des 11 et 12 novembre 1896, au moment de la discussion de l'interpellation de M. Fleury-Ravarin sur l'Algérie, m'ont valu beaucoup de communications qui, toutes, les confirment.

Il s'agit ici d'une question politique de la plus haute gravité. Il s'agit de savoir si les fonctionnaires du gouvernement peuvent, en Algérie, suivre une politique opposée à celle que le ministère actuel veut faire en France. M. Barthou disait dans son discours d'Oloron : « Toute transaction serait une abdication. »

Or, en Algérie, on n'abdique pas : on collabore et on patronne.

Voici un résumé très impartial, d'un homme complètement désintéressé personnellement dans les questions de politique algérienne. Je le donne textuellement, en appelant l'attention de M. le ministre de l'Intérieur et du gouvernement sur la situation qu'il dépeint.

Alger, le 1er décembre 1896.

Il n'est pas sans intérêt, surtout à l'heure actuelle, d'examiner l'œuvre politique accomplie depuis cinq ans en Algérie par M. le gouverneur général Jules Cambon. Celui-ci, élève de Jules Ferry, nommé et soutenu par le parti modéré, a été et est encore à Alger l'homme-lige des radicaux socialistes, recrutés uniquement, là-bas, parmi les anciens boulangistes.

Qu'on en juge!

Il était tout à fait naturel que M. Cambon s'occupât d'abord du département d'Alger, qu'il avait pour ainsi dire sous la main. La majorité du conseil général, qui était modérée et progressiste, fut déplacée et se trouva acquise aux radicaux socialistes, qui la détiennent encore aujourd'hui. Puis, le sénateur modéré. M. Mauguin, dut céder son fauteuil à M. Gérente, radical socialiste, qui a été l'un des plus fermes soutiens du cabinet Bourgeois. Enfin, aux élections de 1893, M. Letellier, député modéré, était vaincu par le candidat radical socialiste M. Samary, ouvertement appuyé par M. Cambon. Quant à M. Bourlier, le second député d'Alger, siégeant au centre comme M. Letellier, il n'échappait qu'à grand' peine à la défaite, car le gouverneur général avait exercé son intervention la plus active en faveur de son concurrent radical socialiste, M. Gueirouard.

Le parti de l'ordre étant ainsi réduit à l'impuissance dans le département d'Alger, M. Cambon a porté ses efforts sur la province de Constantine.

Ici, comme à Alger, le gouverneur général a opposé aux hommes d'ordre et de travail l'armée des anciens boulangistes, composée des pires politiciens, des ratés, des aigris et des ambitieux sans valeur. Seulement, la grande majorité de la population étant laborieuse et peu encline aux exagérations, il a fallu exercer une pression énorme, presque fantastique, pour arriver à donner le pouvoir à une minorité agitée, mais bruyante. M. Cambon a pu atteindre ce but en faisant nommer préfet de Constantine, sous le ministère de M. Léon Bourgeois, un ancien chef de cabinet de celui-ci, M. Humbert.

A Oran, où les passions politiques sont beaucoup moins vives qu'à Alger et à Constantine, l'action dissolvante de M. Cambon n'a pu encore s'exercer d'une manière bien efficace. Cependant, une certaine agitation commence à se manifester dans le troisième département algérien. Il suffira que le gouverneur général soit maintenu à son poste un an encore pour qu'en Oranie la tranquillité disparaisse comme à Alger et à Constantine, et que les radicaux socialistes y entrent en lutte, avec des chances de succès, contre le parti modéré et progressiste.

En résumé, l'œuvre politique de M. Jules Cambon en Algérie se résume de la manière suivante : déchaînement des pires passions ; création d'un état de lutte, inspiré par la jalousie et la haine, mettant à feu et à sang toute la colonie ; remplacement du parti modéré dans les corps élus locaux, conseils municipaux et généraux, par la faction radicale-socialiste ; élection d'un sénateur et d'un député socialistes à Alger ; préparation de l'élection d'un sénateur et d'un député socialistes à Constantine.

Nous ne sommes pas étonnés si les socialistes en général, et M. Viviani en particulier, assuraient M. Cambon de leur confiance.

Assertions erronées.

Je viens de donner un résumé du caractère de la *politique socialiste* poursuivie par M. Cambon en Algérie. J'ai montré les résultats qu'il avait déjà obtenus et j'ai indiqué ceux qu'il ne manquerait pas d'obtenir, si le gouvernement était assez faible pour s'incliner devant « l'investiture que lui a donnée la Chambre » sur l'initiative de M. Viviani en particulier et de l'extrême gauche en général.

Maintenant je vais entrer dans le détail des faits.

J'avais montré, dans les numéros du *Siècle* des 11 et 12 novembre, toute l'absurdité de la situation faite au gouvernement et à la Chambre des députés par l'intervention de M. Cambon. Il est venu raconter les histoires qu'il lui convenait. Le gouvernement devait savoir à quoi s'en tenir sur certaines d'entre elles. Cependant Il n'a rien dit quand il voyait M. Cambon altérer et dénaturer la vérité : et la Chambre n'avait aucun moyen de contrôle.

Ainsi, à la séance du 10 novembre dernier, la Chambre, sur la proposition des socialistes, comme sanction de l'interpellation de M. Fleury-Ravarin, « a approuvé les efforts faits depuis quelques années pour rétablir l'ordre dans l'administration de l'Algérie ».

Cette approbation visait l'exposé des faits apportés à la tribune par M. Jules Cambon. Mais il nous sera bien permis de faire observer que le vote de la Chambre n'aurait quelque valeur morale que s'il s'appuyait sur un tableau exact de la situation algérienne.

Aujourd'hui je ne prends qu'un fait parmi ceux auxquels il prétend avoir répondu dans la séance du 10 novembre.

Le gouverneur général, parlant des désordres qui se sont produits à Constantine lors des élections municipales du 3 mai écoulé, s'est exprimé comme suit (*Journal officiel*, séance du 10 novembre 1896, p. 1472, première colonne).

« On les a beaucoup exagérés (les désordres)... J'ai été préfet du Nord et j'ai été préfet du Rhône. J'ai vu, presque toutes les fois qu'avait lieu une élection municipale, se produire à Roubaix, à Lille, à Lyon même, des désordres auprès desquels ceux de Constantine sont peu de chose; et cependant on n'en faisait point étalage comme on l'a fait à Constantine.

A propos de cette allégation, j'ai reçu plusieurs lettres et communications dont aucune ne me vient d'un des hommes occupant ou ayant occupé une fonction élective en Algérie.

J'en choisis une, qui est le résumé de toutes les autres, à quelques petits détails près :

Il ne faut pas accuser M. Jules Cambon d'avoir

voulu sciemment induire la Chambre en erreur; je me plais à le croire sincère dans ses explications. Mais alors il faut bien reconnaître que le gouverneur général de l'Algérie est l'homme le plus mal renseigné de la colonie qu'il a l'honneur d'administrer.

Car enfin, voici les faits. Les élections municipales ont eu lieu le 3 mai dernier. Il y a eu ce jour-là quelques échauffourées à Constantine, qui ont nécessité l'intervention de l'autorité militaire, sans que, toutefois, on ait dû avoir recours à des mesures extraordinaires. Si les choses n'avaient pas été plus loin, les explications de M. Jules Cambon à la tribune de la Chambre auraient été rigoureusement exactes et conformes aux événements.

Malheureusement, il n'en a pas été ainsi, et Constantine a été le théâtre d'autres incidents, sur lesquels le gouverneur général a gardé le silence.

Dans la soirée du 4 mai, c'est-à-dire du lendemain des élections, l'autorité militaire, prévenue que la population indigène, surexcitée par certain parti politique, avait décidé pour le soir même le pillage du quartier israélite, a fait occuper toute la ville par les troupes de la garnison. Les rues conduisant dans le quartier arabe étaient, sans exception, gardées par des cavaliers ; des pelotons de chasseurs d'Afrique, officiers en tête, occupaient toutes les places, tous les carrefours importants ; des patrouilles de zouaves sillonnaient constamment la ville dans tous les sens. Constantine avait l'air d'être en état de siège ; les rues étaient désertes, le silence était absolu. Et on voyait circuler en grand uniforme, à dix heures du soir, MM. les généraux Larchey, commandant en chef le 19e corps d'armée; de la Roque, commandant la division de Constantine; Hagron, commandant la subdivision de Constantine, accompagnés de leurs officiers d'ordonnance, qui surveillaient les mesures de défense, prises pour mettre le chef-lieu du département à l'abri des scènes de pillage, complotées par des indigènes qu'avait surexcités la campagne haineuse des radicaux-socialistes constantinois, menée sous l'œil bienveillant de l'autorité civile.

La surexcitation des Arabes était tellement intense que l'autorité militaire a jugé indispensable de maintenir ses mesures de précaution du 4 mai au 11 mai! Pendant huit jours et huit nuits, les principales places de Constantine ont été occupées par les chasseurs d'Afrique. Les officiers, aussi bien que les hommes, étaient de service en permanence, prêts à toute éventualité.

L'attitude énergique de l'autorité militaire a ainsi épargné à Constantine le désastre dont la ville était menacée, grâce à la campagne d'excitation et de haine, poursuivie depuis un an par les radicaux-socialistes, enhardis par la coupable faiblesse, sinon par les encouragements de la Préfecture et du Parquet.

Mais que devient, dès lors, la déclaration portée à la tribune de la Chambre par M. Jules Cambon, « que les désordres de Constantine, ont été peu de chose? » Ou bien le gouverneur général s'est vu cacher la vérité par le préfet de Constantine, ou bien il a caché, de son côté, la vérité à la Chambre. Dans l'un comme dans l'autre cas, le vote du 10 novembre, sur ce point spécial du moins, a été obtenu par surprise.

Le ministère doit être renseigné sur ces faits. Les généraux ont dû faire des rapports à l'autorité militaire. Que M. Barthou lui en demande communication. Il y trouvera la preuve de la manière dont M. Cambon a altéré la vérité des faits qui lui étaient reprochés avec beaucoup trop de timidité et sans précision suffisante.

Un dèmenti.

Les démentis pleuvent sur les assertions de M. Cambon. En voici un autre que je reçois de Lyon.

Au sujet de la citation que j'avais faite dans mon article du *Siècle* du 8 décembre, intitulé : *l'Anarchie en Algérie*, je reçois la lettre ci-dessous d'un de nos lecteurs lyonnais :

Lyon, 9 décembre 1896.

Monsieur le Rédacteur en chef,

Vous examinez avec raison et une trop rare indépendance, dans votre honorable et courageux journal, les actes politiques de M. J. Cambon, gouverneur général de l'Algérie.

Dans votre article d'hier sur ce sujet, vous citez un passage du discours prononcé à la Chambre par M. J. Cambon, le 10 novembre dernier, dans lequel il déclare qu'il a « vu, presque toutes les fois qu'avait lieu une élection municipale, se produire à Roubaix, à Lille, à *Lyon même*, des désordres auprès desquels ceux de Constantine sont peu de chose. »

Pour Lyon, une assertion pareille est stupéfiante dans la bouche de celui qui a été préfet du Rhône pendant cinq ans. Depuis le 30 avril 1871, c'est-à-dire depuis cette journée d'insurrection coïncidant avec des élections municipales, les opérations électorales n'ont jamais été troublées dans Lyon et dans le département du Rhône.

Que M. J. Cambon veuille bien indiquer le jour, l'heure, le moment où, pendant son administration ou auparavant, les élections municipales et autres ont donné lieu au moindre désordre.

La région lyonnaise est, au contraire, l'une de celles dans lesquelles le vote s'accomplit avec le plus de loyauté et de calme. Que M. J. Cambon compare, si cela lui plaît, Toulouse avec Constantine, mais non point avec Lyon, au sujet duquel sa mémoire a vraiment de trop complètes défaillances.

Agréez, Monsieur le Rédacteur en chef, l'assurance de ma considération distinguée.

Un de vos lecteurs lyonnais.

On voit quelle créance méritent les paroles de M. Cambon. Son assurance fait toute sa puissance. Seulement cette puissance ne résiste pas à l'épreuve.

L'affaire Janier.

Oui ou non, le gouverneur de l'Algérie doit-il avoir accès au Parlement pour recevoir « son investiture » de la Chambre des députés, comme l'a dit son secrétaire général en le recevant à Alger ?

Oui ou non, doit-il être indépendant du gouvernement, du ministre de l'Intérieur?

Oui ou non, doit-il venir raconter ce qu'il lui convient du haut de la tribune, en dehors de tout contrôle de ses assertions?

Voilà les questions que j'ai posées.

Je ne demande de réponse qu'aux faits.

A ceux que j'ai déjà cités, j'ajoute celui-ci.

Il ne s'agit plus ici de la province de Constantine, à laquelle je reviendrai une autre fois. Il s'agit de la province d'Alger.

On se rappelle peut-être les explications de M. le gouverneur général de l'Algérie dans sa séance du 10 novembre relativement au télégramme du commandant Janier, à propos de l'élection du conseil général en 1895.

Aux explications apportées par M. Jules Cambon, voici les explications plus claires et plus nettes que j'ai reçues.

J'ajoute qu'elles sont également d'un homme qui, ni de près ni de loin, n'a touché aux fonctions électives de l'Algérie, ni à aucune fonction :

Alger, le 10 décembre 1896.

Il y avait en présence, dans l'arrondissement de Boghari, dont dépendent les cercles militaires de Djelfa et de Ghardaia, — ce dernier comprenant le centre d'El Goléa, — deux concurrents au siège de conseiller général. Le premier était le conseiller sortant, M. Allan, adversaire résolu de M. Jules Cambon ; le second était le candidat de celui-ci, et s'appelait M. Panis.

Or, la veille du vote, le commandant Janier, commandant supérieur de Djelfa, adressa au colonel Didier, commandant supérieur de Ghardaia, une dépêche chiffrée, ainsi conçue : « *Colonel Didier, Ghardaia : Vous êtes prié de la part du Gouverneur général de porter tous les votes au nom de M. Panis.* » A quoi le colonel Didier répondit : « *Commandant Janier, Djelfa : Trop tard. Résultats transmis.* » (*Journal officiel* du 10 novembre 1896.)

Cette intervention de l'autorité militaire constituait évidemment un acte très grave de pression officielle. Tel semble bien avoir été l'avis du Conseil d'État, qui a cassé l'élection de l'arrondissement de Boghari, en raison des faits d'intimidation relevés dans le cercle de Djelfa à la charge des agents de l'administration.

Or, quelles sont les explications que, sur ce point précis, M. Jules Cambon a fournies à la Chambre ? Il arrange l'incident à sa manière, comptant bien que l'assemblée ne pourra pas contrôler ses affirmations, et qu'elle ne songera pas, ayant devant elle un commissaire du gouvernement, à vérifier ses dires en se reportant aux déclarations portées à la tribune au cours de la séance précédente. C'est par ce moyen aussi simple que peu scrupuleux — et qui ne témoigne pas d'une grande déférence à l'égard de la Chambre — que M. Jules Cambon, chaque fois qu'il s'est trouvé acculé, a réussi à se tirer d'affaire, — aux dépens de la vérité des faits et de la dignité de son auditoire.

Donc, le gouverneur général a exposé — (*Journal officiel* du 11 novembre) — que le commandant Janier aurait télégraphié au colonel Didier, à la suite d'une démarche de quelques électeurs de Djelfa, émus de voir ouvrir un bureau électoral à El Goléa, où jamais on n'avait encore voté, où n'avait pas été le candidat Panis, et où les partisans de celui-ci craignaient l'annulation des votes en faveur de leur candidat.

Cette crainte ne s'explique pas très bien, M. Allan, le concurrent de M. Panis, n'ayant pas été, lui non plus, à El Goléa. D'autre part, M. Jules Cambon a insisté sur ce point qu'il n'y avait dans la section d'El Goléa que trois électeurs. Pourquoi, dès lors, le commandant Janier aurait-il envoyé au colonel Didier un télégramme qui pouvait, à un moment donné, être considéré comme compromettant?

Que ledit télégramme a été jugé comme tel, M. Jules Cambon l'a reconnu implicitement lui-même, puisqu'il a terminé son exposé à la tribune en disant « *que le commandant Janier, ayant, toutefois, commis une imprudence, a subi une légère disgrâce.* »

Or, de deux choses l'une : ou bien l'explication apportée devant la Chambre par le gouverneur général est conforme à la vérité, et alors la disgrâce, même légère, du commandant Janier ne saurait être défendue d'aucune manière ; ou bien cet officier a été l'objet d'une mesure disciplinaire justifiée, et dans ce cas, c'est la déclaration de M. Jules Cambon qui est entachée d'inexactitude.

Il est évident que la seconde hypothèse est la bonne. D'ailleurs, l'exposé entortillé et embarrassé du commissaire du gouvernement le prouve surabondamment. D'après M. Jules Cambon, le commandant Janier aurait télégraphié au colonel Didier, de qui dépend El Goléa : *Comptez les bulletins Panis ;* et dans le texte de la dépêche, reproduite au *Journal officiel* du 10 novembre 1896 (page 447, première colonne), il y aurait eu : *candidat du gouvernement*. au lieu de : *de la part du gouverneur*.

Il résulte, dès lors, des paroles mêmes de M. Jules Cambon, qu'il s'est produit une pression officielle, puisque le commandant Janier a désigné, dans une dépêche de service, M. Panis comme le candidat du gouvernement. En outre, il importe de faire remarquer que cette dépêche qui, selon le gouverneur général, ne visait que les trois votes d'El Goléa, ne contient nullement le nom de ce dernier centre, et a, au contraire, une portée générale s'appliquant à tout le cercle de Ghardaia, commandé par le colonel Didier.

Cette observation seule suffit pour faire toucher du doigt l'invraisemblance de l'explication fournie à la Chambre par M. Jules Cambon. Cette fois encore, pris pour ainsi dire la main dans le sac, ce haut fonctionnaire n'a pas hésité à altérer et à dénaturer sciemment la vérité, afin de dégager sa responsabilité.

Et que dire de l'argument presque ridicule que le gouverneur général a osé apporter à la tribune, en déclarant qu'il était à Constantinople, lorsque l'incident

Panis-Allan s'est produit? Est-ce que les fonctionnaires du cabinet de M. Jules Cambon n'étaient pas à Alger? Et n'étaient-ils pas en communication constante avec leur chef par le télégraphe, qu'un chiffre met à l'abri de toute indiscrétion ? On croit vraiment rêver en entendant débiter sérieusement de pareilles justifications !

Et puis, enfin, est-il admissible qu'un officier supérieur, commandant de cercle, se soit mêlé d'une affaire d'élections sans ordre formel? Evidemment non. Mais les officiers des bureaux arabes, placés hors cadre par l'autorité militaire, dépendent uniquement du gouverneur général dont ils sont les agents politiques dans le sud algérien. C'est donc bien par ordre de M. Jules Cambon que M. le commandant Janier a télégraphié de compter tous les votes, non pas seulement d'El Goléa, mais de tout le cercle de Ghardaia, au nom de M. Panis. En affirmant le contraire, le commisssaire du gouvernement s'est rendu coupable d'un nouveau mensonge devant les représentants du pays.

On voit ce que deviennent les explications de M. Cambon quand on les examine de près; et c'est pour cela que jamais un gouvernement n'aurait dû tolérer que le gouverneur général de l'Algérie vînt se déclarer responsable devant la

Chambre en se constituant irresponsable devant son chef hiérarchique.

Enquête indispensable.

Je reçois la lettre suivante d'un correspondant d'Alger que je reproduis intégralement, en en prenant la complète responsabilité :

Alger, le 20 décembre 1896.

Vous vous étonniez dans un de vos derniers numéros que les journaux comme la *Libre Parole*, la *Petite République* et les journaux d'extrême gauche de la colonie qui, depuis un an surtout, ont pris si fréquemment la défense de M. Cambon, n'aient pas jugé à propos de répondre aux articles que vous avez publiés sur le gouverneur, et qui mettent en pleine lumière de flagrantes irrégularités administratives, les entorses si nombreuses données à la vérité par ce haut fonctionnaire, les mobiles et les résultats de sa politique socialiste.

Les journaux et les hommes qui bénéficient de cette politique ne répondent pas parce qu'ils ne peuvent pas y répondre. Les faits sont là, indéniables, qui témoignent contre eux. Attendez-vous à des injures, non à des démentis.

Et si quelque boulangiste ou quelque socialiste audacieux risque quelques explications, soyez assuré que le gouverneur, qui en maintes occasions a trouvé nombre de journaux disposés à insérer ses communications, se tiendra coi.

Ce qui paraît ici plus extraordinaire, c'est l'inaction persistante et obstinée du ministre de l'intérieur qui abdique avant d'avoir même essayé de transiger.

Il n'ignore rien; si jeune qu'il soit, il fait de la politique depuis assez longtemps pour savoir au prix de quelles défaillances et de quelles compromissions s'achète le silence ou le concours de la coalition socialo-boulangiste. Quand elle défend avec tant d'ardeur un fonctionnaire, et fait de sa personne un si bruyant éloge, c'est qu'il est traître à ses devoirs, ou notoirement incapable et inerte. M. Cambon n'est pas un incapable.

Sur l'attitude politique de son subordonné, M. Barthou ne peut se faire, et ne se fait, nous dit-on, aucune illusion. Sur les gaspillages et les irrégularités de son administration, il lui serait aisé de se renseigner, si d'ores et déjà les faits si probants portés à sa connaissance ne lui ont pas suffisamment dessillé les yeux.

L'an dernier M. Cochery, étant rapporteur général du budget, ne demandait-il pas à la Chambre de réduire de 100,000 francs le crédit de la colonisation, parce que le gouverneur en avait fait un emploi abusif et irrégulier? M. Cochery est ministre aujourd'hui ; qu'il étende son enquête sur la plupart des services du gouvernement général, et il constatera que jamais fonctionnaire ne s'est comporté à l'égard du budget avec plus de désinvolture et n'a montré un plus grand mépris des règles les plus élémentaires de la comptabilité publique. Un de nos députés ne signalait-il pas récemment à la tribune le cas de cet inspecteur général de la colonisation, ancien fonctionnaire retraité, qui perçoit annuellement 12,000 francs de frais de tournées qu'il ne fait jamais, et se consacre principalement aux affaires d'une Compagnie privée dont il est l'ingénieur-conseil ?

Et qu'est-ce que ce directeur *honoraire* du cabinet du gouverneur, aimable boulevardier, bien connu dans quelques salles de rédaction, qui, pour écrire à Paris sur le Maroc, touche intégralement le crédit de 10,000 francs spécialement destiné aux tournées des conseillers de gouvernement dont les inspections jadis donnaient de si heureux résultats ?

Qu'est-ce que ce conservateur des hypothèques d'Oran qui ne quitte plus Paris, furetant dans les couloirs de la Chambre, livrant des petits papiers aux reporters de la *Petite République* et de la *Libre Parole*. et spécialement préposé à l'éducation algérienne de M. Viviani ? S'il remplit les fonctions de chef de cabinet, pourquoi un autre en a-t-il le titre et le traitement, et, s'il ne conserve plus les hypothèques, pourquoi conserve-t-il les 31,000 francs prélevés par nous ne savons quel artifice financier sur le budget de la propriété indigène, attendu que les 31,000 francs de la conservation des hypothèques reviennent au sous-inspecteur des domaines qui remplace l'absent à Oran !

Qu'est-ce encore que ce bureau de renseignements qui fonctionne à Paris à la Bourse du commerce et sert de port de refuge aux rédacteurs en disponibilité de la presse socialiste?

A-t-on jamais justifié ces énormes dépenses pour frais de publicité, dépenses toujours croissantes à mesure que les ventes de terrains domaniaux se font plus rares ?

Sait-on tout ce qui se paie ici et à Paris sous le couvert de l'agriculture ?

Quel beau tapage dans le clan socialiste si la gestion d'un ministre républicain se révélait tellement obscure et incorrecte ! Quelle indignation et quel roulement d'interruptions sur les bancs de l'extrême gauche ! C'est une honte ! s'écrierait M. Viviani. A bas les voleurs ! clamerait l'intrépide Marcel Habert. L'enquête ! L'enquête ! demanderait le groupe entier debout et frémissant.

Eh bien ! oui, l'enquête. Voilà ce que nous voulons. Car, nous autres Algériens, nous sommes las d'entendre dire que le contribuable français se saigne aux quatre veines pour nous, alors qu'une partie des sacrifices qu'il consent si généreusement contribuent si peu à l'essor et à la prospérité de la colonie, et servent uniquement les desseins d'une politique personnelle que nous vous sommes profondément reconnaissants d'avoir démasquée.

Il y a ceci d'extraordinaire, en effet, et dont nous avons été vivement frappés en lisant les comptes rendus des récentes discussions sur l'Algérie : c'est qu'au moment où l'innocent interpellateur, M. Fleury-Ravarin, réclamait des pouvoirs forts pour M. Cambon et déplorait amèrement qu'il ne pût même déplacer un garde forestier, personne ne s'est levé pour faire observer à la Chambre que le gouverneur de l'Algérie est sans contredit la plus grande puissance financière de l'administration française.

On peut affirmer que le contrôle financier n'existe pas en Algérie. Vous trouverez peut-être dans les cartons du ministère des finances quelques rapports d'inspecteurs sur nos budgets départementaux et communaux dont la gestion, à tout prendre, laisse moins à désirer qu'on le dit au Palais-Bourbon ; mais des rapports sur les services généraux, sur les dépenses du gouverneur général, vous les chercherez en vain. S'il en existe, où sont-ils et qui les lit ? Est-ce le ministre des finances, le ministre de l'intérieur, le président du conseil ?

En tous cas, il y a dans le budget algérien des crédits dont le gouverneur dispose souverainement, défiant tout contrôle, qu'il peut utiliser à son gré, et qu'il utilise, nous ne disons pas pour ses besoins personnels, mais pour les besoins de sa politique. Vous les avez nommés déjà : le crédit de la colonisation qui est encore le plus facile à contrôler ; le crédit affecté à la constitution de la propriété indigène qui, depuis plus de deux ans, ne se constitue plus (ceci, c'est la vraie bouteille à l'encre) ; le crédit de l'assistance publique, le fonds commun divisionnaire, autrefois remis directement aux généraux de division pour exécuter tous les travaux utiles aux communes indigènes du Sud, aujourd'hui accaparé par le gouverneur qui n'en rend compte à personne.

Ajoutez à ces crédits les fonds secrets et les crédits spéciaux de sûreté, et vous arriverez à une somme totale de plus de six millions, dont le gouverneur fait ce qu'il veut, dont il justifie comme il veut, ou plutôt dont il ne justifie pas.

Voilà le nid aux abus; voilà le secret de la toute-puissance Cambonienne.

Oui, si M. Barthou veut savoir comment un de ses fonctionnaires peut insolemment braver son autorité, et créer une opinion factice, qu'il cherche de ce côté, mais qu'il cherche avec la ferme volonté de trouver.

Et que pour le moins il avise pour l'avenir, s'il ne se sent pas la force de réagir contre le passé.

N'est-il pas intéressant de montrer que dans l'organisation actuelle, avec les décrets de rattachement universellement honnis, le gouverneur qui ne peut, à ce qu'il affirme, réprimander un garde forestier, maltraite impunément le budget de la France?

M. Fleury-Ravarin, dans sa naïveté de compère plus ou moins inconscient, a parlé avec émotion de la situation humiliée de M. Cambon vis-à-vis de nos pauvres diables de gardes forestiers ; le gouverneur l'a remercié avec effusion ; mais que les bureaux du ministère de l'agriculture se rassurent. Sur la place du Gouvernement, les méchantes langues prétendent que s'il peut comme antérieurement donner tous ses soins à la végétation des dépenses secrètes, échappant à tout contrôle, le vice-roi de Mustapha ne se montrera pas autrement pressé de revendiquer ses droits sur la végétation de nos forêts.

Ce ne sont pas là des insinuations : ce sont des affirmations. Il paraît que le gouvernement est embarrassé parce que, tout en admettant que M. Cambon ne peut pas rester en Algérie, il cherche quelle ambassade il pourrait lui donner en compensation.

Ce scrupule est admirable.

* * *

Je reçois la lettre ci-dessous d'Alger :

Alger, le 21 janvier 1897.

Monsieur le Directeur,

Vous avez fait connaître, à Paris et en France, les procédés politiques de M. Jules Cambon. Tout ce que vous avez dit à ce sujet est rigoureusement exact et, d'ailleurs, connu de tout le monde en Algérie. Ce qui nous étonne et nous déroute, c'est que, malgré ces révélations établissant que, même sous le ministère Méline, le gouverneur général continue à faire, par tous les moyens, de la politique radicale-socialiste, ce haut fonctionnaire soit encore en place et vienne, par surcroît, présider aux travaux du Conseil supérieur.

Il y a là une énigme, cachant évidemment de désolants dessous politiques que nous ignorons ici. Mais ce que, par contre, on ignore à Paris, ce sont les procédés de comptabilité publique pratiqués par M. Jules Cambon.

Il ne saurait être douteux que si le gouvernement connaissait les dessous de la gestion financière du gouverneur général, celui-ci se verrait sous le coup d'un rappel immédiat.

Notre député, M. Bourlier, dans son discours lors de l'interpellation Fleury-Ravarin, a cité plusieurs exemples d'irrégularités graves, commises dans l'emploi de crédits délégués à M. Jules Cambon. Ce dernier s'est bien gardé de répondre et d'aborder ainsi un terrain brûlant ; il s'est dérobé en déclarant simplement qu'il ne pouvait pas discuter par le menu les faits cités par M. Bourlier, parce qu'il s'agissait là de questions de comptabilité dont beaucoup lui échappaient! (*Journal officiel* du 11 novembre 1896, p. 1470, 3e colonne.)

Le mal-fondé de cette excuse saute aux yeux, puisque M. Bourlier n'avait visé que des crédits à l'ordonnancement du gouverneur général. Seulement M. Cambon comptait bien, — et l'événement lui a donné raison, — que la chose passerait inaperçue à la Chambre, au cours d'une discussion aussi compliquée que celle relative à l'Algérie.

Il me semble donc utile aujourd'hui d'appeler l'attention sur la comptabilité de l'administration cambonienne : elle en constitue le point le plus faible, celui sur lequel la responsabilité du gouverneur général est complètement engagée.

Ne se raconte-t-on pas tout bas que M. Muller, lorsqu'il était secrétaire du gouverneur général, s'est bien souvent refusé à signer certains virements de crédits, et que M. Cambon a dû, à plusieurs reprises, lui donner des réquisitions écrites pour obtenir sa signature?

N'est-il pas vrai que, lorsque le bureau de renseignements algérien a fonctionné à Paris pour la première fois, le ministre de l'Intérieur a demandé la justification de l'emploi des 50,000 francs alloués par le budget, et qu'à cette occasion le gouverneur général, après avoir reçu trois ou quatre rappels, a dû finir par fournir les noms des parties prenantes qu'il avait cherché à ne pas faire connaître? M. Bourlier, dans son discours du 10 novembre à la Chambre, a fait allusion à cette affaire; la Commission du budget a, de son côté, posé une question à ce sujet lors de l'examen du budget de l'Algérie, il y a deux ou trois mois. Comment se fait-il qu'aucune suite n'ait été donnée à ces demandes d'enquête pourtant très légitimes? M. Barthou ferait bien de réclamer le dossier qui doit exister dans les archives de son ministère; il y trouverait, comme l'a dit M. Bourlier, d'utiles renseignements.

On me dit, d'un autre côté, que M. Cambon ne voudrait partir qu'à la condition qu'on voulût bien ne pas s'occuper dans l'avenir de son administration. C'est là une étrange prétention.

Certes, nul plus que moi n'est adversaire de la politique de représailles; mais il est inadmissible qu'un fonctionnaire, qui aurait dû être révoqué dix fois, fasse des conditions. Est-ce qu'un ministre en fait quand il donne sa démission? est-ce qu'il réclame une compensation? est-ce qu'il exige que son successeur ne s'occupe pas de ce qu'il a fait?

Rien ne montre mieux l'anarchie de notre organisation que cette situation.

Un préfet est envoyé au Conseil d'État: il aurait dû être mis en congé définitif; on le plaint, il se plaint, il se fait plaindre, il fait interpeller son ministre.

Un gouverneur général de l'Algérie fait une politique en contradiction complète avec la politique du ministère actuel. Il envoie au Parlement des sénateurs et un député d'opposition. Il se fait déclarer par son secrétaire général qu'il a reçu l'investiture de la Chambre des députés et qu'il est au-dessus des ministres. Il sent bien, en dépit de ses impudentes affirmations et de celles de ses amis, que cela ne peut pas durer : mais il fait ses conditions. Il déclare qu'il ne s'en ira que quand bon lui semblera. Il pèse les compensations qu'on lui offre. Il fait le dédaigneux pour des postes qui feraient le couronnement d'une carrière utile. Il marchande. Il voudrait même, dit-on, dicter des conditions à son successeur.

J'aime à croire que M. le ministre de l'Intérieur entend conformer ses actes à son discours du Sénat. Ce n'est pas une interpellation de M. René Viviani ou de M. Samary sur le remplacement de M. Cambon qui peut le faire reculer.

Première conclusion.

Je suis loin d'avoir terminé la campagne que j'ai été amené à entreprendre contre la politique de M. Cambon, du jour où mon attention, distraite jusqu'à ces derniers temps par d'autres préoccupations, a été appelée sur son administration par l'interpellation de M. Fleury-Ravarin.

J'avais bien été étonné de la chaleur avec laquelle la *Libre Parole* et la *Petite République* déclaraient qu'il était le gouverneur idéal et attaquaient quiconque pouvait lui porter ombrage. Quand un fonctionnaire est soutenu par ces journaux, on a le droit d'en tirer la conclusion qu'il ne saurait être considéré comme un homme de gouvernement.

C'est un spectacle qui ne manque pas d'originalité que de voir dans une colonne le président de la République, les ministres, couverts d'injures, de grossièretés, visés par des insinuations perfides, et dans la colonne contiguë l'éloge d'un subordonné de ces ministres.

Sans être très susceptible, on peut être choqué du contraste résultant de cette haine contre les ministres et de cette tendresse pour un de leurs fonctionnaires. On est enclin à se demander : — Qui sert-il donc? Avec qui est-il? Quels sont les intérêts et le parti qu'il représente?

Le jour de l'interpellation, ce fut visible quand on vit M. Cambon, passant par-dessus la tête du gouvernement, se proclamer responsable, et qu'on vit MM. Viviani et Marcel Habert, aux applaudissements de l'extrême-gauche, l'assurer de leur confiance.

Le discours qu'il y avait à faire n'avait pas été prononcé. M. Cambon a si bien manœuvré qu'il a inspiré de la méfiance pour les députés de l'Algérie. Quand ceux-ci parlent, ils paraissent plaider *pro domo*. Il eût fallu que quelqu'un posât la question, comme je l'ai posée. Malheureusement, il ne s'est trouvé à la Chambre personne pour l'aborder.

La série d'articles que j'ai publiés m'a valu un grand nombre de lettres, quelques-unes contenant des injures. Les autres confirment les renseignements que j'ai donnés et m'en apportent de nouveaux.

Quant aux journaux algériens, il y en a qui reproduisent mes articles : mais ce qui m'étonne, c'est que je ne vois les autres essayer aucune espèce de contestation sur la vérité des faits. Ils se bornent à chercher les motifs qui m'ont fait entreprendre cette campagne. Ils se trompent aussi grossièrement que la Préfecture de police quand elle cherchait les mobiles qui pouvaient diriger le Vieux Petit Employé, et c'est pour ce motif qu'elle ne le découvrit que le jour où il se dévoila lui-même.

A Paris, les journaux dévoués à la politique de M. Cambon, comme la *Libre Parole* et la *Petite République*, gardent le silence le plus complet. Pas plus ici qu'en Algérie, M. Cambon n'a essayé d'engager de polémique, quoiqu'il en ait le moyen. Le silence a toujours été le grand instrument de la politique de M. Cambon à Paris. Des lecteurs de France me disent : « C'est curieux. Nous n'avions jamais entendu parler de ces faits-là. »

Ils ont raison. Les correspondants d'Algérie sont très discrets. Ils n'envoient aux agences et à leurs journaux que ce qui est agréable au gouverneur général.

A Alger, quand l'Agence Havas envoyait une nouvelle de Paris, elle subissait une épuration.

Maintenant cet état de choses a cessé : à Alger, on sait ce qui se passe à Paris ; et désormais, grâce au *Siècle*, on saura à Paris ce qui se passe en Algérie.

Mesure urgente.

Nous en avons assez dit pour montrer que le gouvernement ne peut, sans trahir sa propre politique et le parti qu'il représente, maintenir M. Cambon dans la situation de gouverneur général de l'Algérie.

L'ordre du jour de la Chambre du 11 novembre prescrivait l'abrogation des décrets de rattachement. De la manière dont M. Cambon avait présenté cette mesure, on pouvait croire qu'il ne s'agissait que d'un trait de plume à donner. Voilà plus d'un mois que cet ordre du jour a été voté : et nous ne voyons rien venir.

J'ajoute que c'est fort heureux : car M. Cambon est le seul homme qui ne puisse pas préparer aujourd'hui une réorganisation de l'Algérie qu'il a mis cinq années à désorganiser.

L'homme à qui incombe cette tâche doit être

un homme nouveau, dégagé de toutes influences de tous les partis pris qui dominent M. Cambon.

Voici donc ma première conclusion :

1° Il faut que le gouvernement envoie de suite en Algérie un homme nouveau, haut fonctionnaire ou homme politique.

J'ajoute un complément à cette proposition :

2° Cet homme ne doit pas avoir pris part aux luttes engagées actuellement autour de la politique de M. Cambon.

Il doit être envoyé en Algérie avec les pleins pouvoirs d'un gouverneur, mais en mission temporaire.

Sa besogne devra être d'examiner, de contrôler, de vérifier, de faire les exécutions nécessaires, de voir ce qu'il y a à faire et de proposer la nouvelle organisation de l'Algérie.

Une fois qu'il aura accompli cette besogne, fait les épurations indispensables, il faut que dès maintenant il soit entendu que sa tâche sera accomplie : et il fera place au gouverneur définitif qui, arrivant après le déblaiement de la situation, pourra inaugurer l'ère de paix si indispensable à tous ceux qui veulent travailler et vivre en paix et en sécurité.

UN AGENT DE M. CAMBON

M. LE PRÉFET HUMBERT

Simples questions.

Je posais, à la date du 14 décembre 1896, les questions que voici :

Est-il vrai que M. Barthou, ému des protestations affluant de toutes parts contre les agissements de M. Humbert, préfet radical-socialiste de Constantine, a procédé à une enquête personnelle sur l'un des faits qui lui avaient été signalés ?

Est-il vrai que cette enquête a fourni la preuve formelle de la culpabilité de M. le préfet Humbert, qui se serait oublié jusqu'à imposer à un fonctionnaire sous ses ordres la production d'un rapport... erroné ?

Est-il vrai que M. Barthou, révolté, a voulu frapper ce préfet, mais qu'il a reculé au dernier moment devant les menaces des radicaux-socialistes de la Chambre, appelés à la rescousse par M. Cambon?

M. René Viviani et ses collègues se vantent que M. Cambon, comme M. Humbert, tiendront, grâce à leur appui, le ministère Méline en échec.

Je me borne à rappeler à M. Barthou sa phrase du discours d'Oloron : « Toute transaction serait une abdication ».

Affaire Sliman-Ben-Aïssa.

Pour faire nommer président du Conseil général de Constantine un boulangiste d'hier, un radical-socialiste, on a, à la veille de l'élection, révoqué Sliman-Ben-Aïssa. Il a demandé une enquête. M. Cambon a parlé d'une instruction judiciaire; mais il a reconnu « qu'il n'a pas convenu à l'autorité judiciaire de requérir des poursuites contre Sliman-Ben-Aïssa ».

Seulement M. Cambon a dit qu'il s'était rendu coupable de grattages ! Le mot a porté.

D'après des renseignements qui ne me viennent pas de M. Thomson ni de ses amis, mais d'un homme fort désintéressé dans la question, qui connaît bien l'Algérie, Sliman-Ben-Aïssa, descendant du dernier défenseur de Constantine contre nous, est d'une grande famille, très riche. C'est un patricien ayant une nombreuse clientèle qu'il secourt et assiste de ses propres deniers. Il paraît qu'il y a trois ans, un de ses secrétaires aurait fait un grattage pour une somme de 70 francs sur un livre.

On a attendu l'élection actuelle du président du Conseil général pour s'apercevoir de ce crime !

Comment on obtient un bureau socialiste.

M. Jules Cambon, pour poursuivre sa politique radicale-socialiste à Constantine, avait besoin d'avoir un président de son choix au conseil général. Nous avons enregistré déjà la protestation de Sliman-Ben-Aïssa. Celui-ci demanda une enquête, et M. Jules Cambon fut obligé de reconnaître « qu'il n'a pas convenu à l'autorité judiciaire de requérir des poursuites contre Sliman-Ben-Aïssa ». Nous avons dit pourquoi ce n'était pas possible (Voir le *Siècle* du 12 novembre).

Voici une lettre de Constantine, d'un correspondant absolument sûr, qui montre qu'à côté de ce fait de pression, il y en a eu d'autres. J'ajoute que je les connaissais également.

Constantine, 7 décembre 1893.

Le vote émis par la Chambre à la séance du 10 novembre, comme sanction de l'interpellation de M. Fleury-Ravarin, approuvait les efforts faits depuis quelques années pour rétablir l'ordre dans l'administration de l'Algérie.

Il a déjà été démontré que sur un point, — celui des élections municipales de Constantine, — ce vote avait été obtenu par surprise.

En ce qui concerne l'élection du bureau du Conseil général de Constantine, il a en a été absolument de même.

M. Jules Cambon, commissaire du gouvernement, s'est défendu contre l'accusation, portée à la tribune, que l'administration aurait exercé une pression sur les membres indigènes et français du Conseil général, *afin d'obtenir que le président du Conseil ne fût pas du parti qui occupait autrefois le bureau.* (*Journal officiel*, du 11 novembre, p. 1472.)

Mais ce que M. le gouverneur général a négligé d'ajouter, c'est que ce parti — qu'il qualifie plus loin de *parti battu*, — est *le parti modéré et progressiste*, *le parti de l'ordre*, qui a été remplacé au bureau par la *faction radicale-socialiste.*

Au lieu d'une simple bataille d'intérêt purement local, il s'agissait donc, en la circonstance, d'un épisode de la lutte engagée à tous les coins du territoire français entre les défenseurs de l'ordre et les partisans du collectivisme.

C'est à ce seul point de vue que la question doit être envisagée, et qu'elle mérite de préoccuper le gouvernement autant que l'opinion publique.

Les querelles locales du département de Constantine nous importent peu. Mais nous avons un grand intérêt à savoir si la haute administration algérienne est intervenue, au Conseil général, en faveur des radicaux-socialistes. Car, dans ce cas, elle aurait trahi le gouvernement modéré qui est au pouvoir, et elle l'aurait fait doublement, en usant de procédés soulevant la réprobation de tous les honnêtes gens.

Or, nous nous trouvons en présence des faits suivants :

Le bureau modéré et progressiste du Conseil général de Constantine a été remplacé, au mois d'octobre, par un bureau radical-socialiste. Cependant, sur trente membres européens, onze seulement sont des radicaux socialistes; quant aux six assesseurs musulmans, trois d'entre eux votent toujours comme le leur prescrit le préfet, les trois autres sont acquis aux idées d'ordre et de modération.

De ces trois derniers, le plus influent, l'agha Mohammed-ben-Gana, était à Paris où il était appelé pour figurer dans l'escorte du tsar. Le second, Sliman-ben-Aïssa, a été révoqué, et le troisième, Tahar-bou-Maïza, s'est vu empêcher d'assister à l'élection du bureau du Conseil général.

Enfin, cinq conseillers européens, tous notoirement connus comme devant voter pour le maintien du bureau modéré et progressiste, se sont abstenus, au dernier moment, de siéger à la session d'octobre.

Voici les noms de ces conseillers : MM. de Cerner, de Bône ; Labattut, de Sétif ; Bigonet, de Bordj bou-Arreridj ; Mollon, de Saint-Arnaud ; Cauro, de Stora.

Dans ces conditions, nous ne pouvons que constater cette circonstance indéniable qu'à la séance où a été élu le bureau du Conseil, le parti modéré et progressiste était privé de sept voix absolument certaines.

Voilà le fait brutal. M. Jules Cambon a déclaré, à la tribune de la Chambre, que ce fait n'était nullement le résultat d'une pression administrative. Les membres indépendants du parti modéré et progressiste, ceux qu'on n'a pu empêcher de remplir leur mandat, ont affirmé hautement le contraire, et ont adressé, dès la séance d'ouverture du Conseil, une protestation très énergique en ce sens à M. le Ministre de l'intérieur et à M. le Président du conseil des ministres.

Ces conseillers généraux modérés ont demandé une enquête sur les faits de pression et de chantage qu'ils dénonçaient au gouvernement ; de leur côté, les deux assesseurs musulmans, Tahar-ben-Maiza et Sliman-ben-Aissa, ont formulé avec insistance une requête analogue en ce qui les concerne personnellement.

Nous ne doutons pas que M. le Ministre de l'intérieur, dont la droiture et l'énergie sont connues, ne fasse droit à ces demandes absolument justifiées.

Cela est indispensable à un double point de vue.

Vis-à-vis des indigènes algériens, il faut que l'administration française soit sans reproche et d'une impartialité indiscutable. Sans quoi, que resterait-il du prestige ?

A l'égard des Français d'Algérie, la haute administration de la colonie ne doit pas s'exposer au soupçon de favoriser le parti du désordre. Sinon n'irait-elle pas droit à l'encontre du vote de la Chambre, *approuvant les efforts faits pour rétablir l'ordre dans l'administration de l'Algérie ?*

Que M. Barthou veuille donc bien procéder personnellement à une enquête sérieuse sur les événements qui se sont passés à Constantine, lors de l'élection, au mois d'octobre, du bureau radical-socialiste. Qu'il se rende compte, par lui-même, des causes qui ont amené ce résultat surprenant, de donner la direction d'une assemblée, composée pour les deux tiers de modérés et progressistes, à la minorité radicale-socialiste. Qu'il n'hésite pas, enfin, de frapper les fonctionnaires, même les plus hauts placés, qui, en favorisant et en provoquant même de pareils faits par des manœuvres inqualifiables, ont oublié et trahi tous leurs devoirs.

Si on demande pourquoi cinq conseillers généraux français se sont abstenus d'aller au Conseil général de Constantine, le jour où il fallait renouveler le bureau, je dirai que c'est là une preuve de la tyrannie de M. Cambon. Un gouverneur général peut beaucoup en Algérie. Les personnes qui y ont des intérêts se trouvent obligées de ne pas entrer en lutte ouverte avec lui, sous peine de s'exposer à des ennuis, à des désagréments de toutes sortes pouvant les conduire à la ruine. Il y a des moments où l'abstention même est un acte de courage. C'est ce qui a eu lieu dans ce cas.

L'élection du bureau du Conseil général de Constantine n'a pas été spontanée; c'est un acte de pression administrative. S'il s'était produit sous le Second-Empire ou sous le 24 Mai, il n'y aurait pas eu assez de protestations contre lui.

S'il s'était produit au profit du parti républicain, les socialistes, la *Petite République*, l'*Intransigeant*, la *Libre Parole* auraient manifesté une belle indignation. Il s'est produit au profit d'anciens boulangistes, maintenant socialistes. On se tait : et M. Jules Cambon a triomphé à la Chambre des députés, M. Gérault-Richard écrivant : « Il importe de le soutenir jusqu'à l'achèvement de son œuvre » ; M. Viviani disant : « C'est ici que M. le gouverneur général a saisi la véritable force dont il avait besoin » ; M. Marcel Habert ajoutant à l'ordre du jour de M. Fleury-Ravarin cette marque d'estime : « La Chambre, approuvant les efforts faits depuis quelques années pour rétablir l'ordre dans l'administration de l'Algérie » ; et l'extrême-gauche appuyant avec un enthousiasme significatif.

L'affaire Belloir.

Dans le *Siècle* du 14 décembre, j'ai posé trois questions à propos des faits de pression administrative relevés à la charge du préfet de Constantine, M. Humbert.

On sait qu'il s'agissait, pour préparer les élections sénatoriales du 3 janvier, d'assurer la présidence du conseil général aux partisans de la politique de M. Cambon, anciens boulangistes devenus radicaux-socialistes.

Les assesseurs musulmans ont le droit de prendre part au vote du bureau du Conseil général. C'est une faute de les mêler ainsi aux querelles politiques ou personnelles des Français.

Mais ce droit existe. Le préfet, M. Humbert, n'avait qu'une préoccupation : empêcher les assesseurs musulmans de voter pour l'ancien bureau, auquel les plus importants étaient attachés. Nous avons raconté l'histoire de la révocation de Sliman-Ben-Aïssa et d'un certain nombre d'autres manœuvres destinées à assurer l'élection de M. Rouyer, comme président du Conseil général.

M. Thomson a cité à la Chambre des députés la déposition du caïd Tahar, commandeur de la Légion d'honneur. Il fut invité le 3 octobre à se rendre chez M. Belloir, administrateur de la commune d'Edough. Là, il trouva M. Mariette-Bey, attaché au cabinet du préfet de Constantine. Celui-ci lui insinua que si le préfet ne l'avait pas proposé pour le poste d'adjoint de la commune de Bône, il changerait de décision s'il voulait bien voter pour le candidat du préfet. Tahar refusa. Alors M. Mariette-Bey lui dit : « Eh bien! ne venez pas à la première séance du Conseil général, ne venez que mardi. »

Tahar se rendit cependant le dimanche à Constantine. Le préfet le fit venir et lui réitéra les mêmes propositions et les mêmes injonctions.

Le lendemain, au Conseil général, M. Morinaud déposa devant chacun de ses quatre collègues assis au banc des assesseurs musulmans un bulletin au nom de M. Rouyer, le concurrent de M. Bertagna, en leur disant : — Ces bulletins portent le nom de M. Rouyer en arabe et en français. Il faut que je les retrouve lors du dépouillement.

M. Cambon donna à la tribune des explications qui n'avaient même pas la vraisemblance pour elles. Il raconta que M. Mariette-Bey était allé causer avec Tahar, « parce qu'à propos du retour d'un interné », ennemi de Tahar, on devait faire des manifestations contre celui-ci. « Il avait été envoyé, ajoute M. Cambon, pour s'enquérir exactement, auprès de Tahar, des conditions d'esprit dans lesquelles se trouvait la population. » Ainsi ce serait auprès de Tahar, que M. Cambon représente « appartenir en quelque sorte à Bertagna », que M. Mariette-Bey serait allé s'enquérir « des conditions d'esprit dans lesquelles se trouvait la population » à son égard. En général, c'est l'intéressé qui est le plus mal informé ou qui est susceptible du coefficient d'erreur d'appréciation le plus élevé.

Si l'explication donnée par M. Cambon est vraie, elle n'est pas vraisemblable : M. Cambon invoquait à l'appui de son dire une lettre de M. Belloir.

Or, la *Démocratie de Bône* a répondu dans un article d'une extrême précision, dont nous reproduisons les principaux passages :

Dans ce conciliabule, par l'organe de M. Belloir, M. Mariette-Bey, parlant au nom du préfet Humbert, a supplié le caïd Tahar de voter le surlendemain contre M. J. Bertagna ou tout au moins de ne pas prendre part à l'élection, et qu'en ce cas, comme témoignage de reconnaissance, le préfet le nommerait adjoint de la commune de Bône et *mettrait un terme au sursis accordé à Hamidou-ben-Yacoub, son ennemi, pour son internement à Aïn-el-Bey.*

Le lendemain dimanche, 4 octobre, le même Mariette-Bey s'est présenté à deux heures et demie à « l'Hôtel de la Métropole », à Constantine, dans la Chambre du caïd Tahar, insistant pour que ce dernier se rendît immédiatement auprès du préfet qui l'attendait dans son cabinet.

Cédant à ces démarches pressantes, le caïd Tahar est effectivement allé voir le préfet, qui a fait tous ses efforts pour le décider à voter contre M. J. Bertagna.

Voyant son insistance, le préfet Humbert lui demanda alors de ne pas assister à la séance du lendemain, ce que finit par accepter le caïd Tahar.

Pour se garantir contre la révélation de ces faits, le préfet envoya un de ses agents, nommé Couret, auprès de M. Belloir.

Durant cette entrevue il a exhibé à M. Belloir un brouillon de déclaration qu'il avait écrite sous la dictée de M. Humbert, déclaration qui n'avait d'autre but que d'annuler à l'avance les affirmations que pourrait faire le caïd Tahar ;

Après les plus longues hésitations, M. Belloir consentit à faire ce qu'on lui demandait, mais en changeant toutefois certains termes et même la portée de quelques phrases ;

Le lendemain lundi, 19 octobre, à deux heures du

soir, M. Couret, en compagnie de Belloir, a pénétré dans le bureau télégraphique de Bône et a expédié à l'adresse de M. Pierrot, secrétaire de M. Humbert, la dépêche suivante : « Arrivée bateau. Tout va bien. (Signé) Blanche. »

Je supprime un certain nombre d'autres détails qui ne font que corroborer ce récit. M. Belloir fut mandé à Paris. Au moment du départ, M. Couret ne le quitta que sur le bateau.

D'après des renseignements que je tiens de bonne source, M. Belloir, arrivé à Paris, raconta les faits tels qu'ils s'étaient passés.

M. Humbert a quitté Constantine le lendemain de l'élection des délégués sénatoriaux, qu'il avait préparée avec une telle énergie que, dans un certain nombre de communes, le maire républicain n'a pas été choisi.

M. Humbert est en congé. Il ne retournera pas à Constantine; mais à Constantine la bande boulangeo-socialiste qu'il soutient annonce hautement son retour et son triomphe. La pression administrative continue à s'exercer en faveur de la politique de M. Cambon : et il est possible que celui-ci, en quittant l'Algérie, emporte la satisfaction d'avoir envoyé un sénateur dont la politique sera celle de M. Gérente et de M. Samary. M. Gérente a toujours voté pour le cabinet Bourgeois; à la Chambre, M. Samary fait partie du groupe socialiste. Si on ne comprend pas pourquoi le gouvernement donnera à M. Cambon une compensation en échange de ses succès électoraux, on comprend fort bien pourquoi MM. Viviani et Marcel Habert l'assurent de leur confiance.

Commencement de satisfaction.

J'écrivais le 7 janvier :

« M. Humbert, préfet de Constantine, quitte Constantine, mais n'est pas appelé à une nouvelle préfecture. Il est « appelé à d'autres fonctions ». C'est une mise à la retraite et un désavœu — qui annoncent que M. Cambon ne tardera pas à subir le même sort. Autrement M. Humbert aurait le droit de réclamer.

» Mais pourquoi cette mesure aujourd'hui 6 janvier? pourquoi pas il y a six mois? »

LE COMMANDITAIRE

D'UN JOURNAL OFFICIEUX

Les journaux ont raconté la semaine dernière la condamnation, par la cour d'assises d'Alger, d'un conducteur des ponts et chaussées qui avait volé 130,000 francs à son administration. La lettre suivante donne quelques détails pittoresques sur cette histoire :

Alger, le 25 décembre 1896.

Monsieur le Directeur,

A vous qui témoignez à l'Algérie une bienveillance à laquelle depuis des années elle n'était pas habituée, c'est un devoir de signaler un des côtés particulièrement intéressants de la politique de M. Cambon.

Justement un procès retentissant, qui n'a pas occupé moins de six audiences de la cour d'assises d'Alger, vient de jeter un jour singulier sur la situation, la naissance et la mort de certains journaux algériens ; et il serait dommage que le grand public français ignorât les procédés que le gouvernement général de notre colonie emploie pour faire vivre des feuilles spéciales, destinées à chanter à la fois la gloire de M. Cambon et du parti socialiste ; à injurier à la fois les ministres, supérieurs hiérarchiques dudit Cambon, et ceux des colons français d'Algérie pour qui M. Jaurès n'est pas un prophète.

Au début, il faut le reconnaître, M. Cambon subventionnait une honnête feuille opportuniste et gouvernementale, que personne d'ailleurs ne lisait. Mais le malheur voulut que le rédacteur en chef de cet organe, en sortant du palais de Mustapha, perdît le mandat, à lui délivré par le grand distributeur des largesses officielles ; si bien que le lendemain, le public railleur se montrait dans les journaux une annonce, demandant de rapporter, contre récompense honnête, un mandat de 10,000 et quelques centaines de francs, au nom de certain rédacteur en chef. Cette mésaventure, dont on rit beaucoup à l'époque, guérit à tout jamais M. Cambon des journaux opportunistes.

Désormais, il ne s'adressa plus qu'aux radicaux-socialistes.

Son premier essai, dans cette voie nouvelle, porta précisément sur le journal qui, dans la cause célèbre à laquelle je faisais allusion plus haut, a joué un rôle.

Le journal — mort depuis — s'appelait l'*Algérie*, et son commanditaire, Massimi.

Le sieur Massimi était conducteur des ponts et chaussées, en résidence à Hussein-Dey, à quelques kilomètres d'Alger. S'il vient de comparaître aux Assises, s'il a été condamné à six ans de prison, c'est qu'en un temps relativement court, il a détourné à son administration la gentille somme de 130,000 fr.

Le fait par lui-même est déjà suffisamment scandaleux. Il le devient plus encore par le système de défense que l'avocat de Massimi a développé. Celui-ci, en effet, a rejeté toute la faute sur l'administration supérieure qui, disait-il, ne contrôle pas assez ses subordonnés.

Mais où l'aventure devient tout à fait sensationnelle, c'est quand on voit une bonne partie des 130,000 fr. volés à l'Etat passer en subventions à l'*Algérie*, journal radical-socialiste, injuriant, pour nous servir d'un terme poli, journellement le gouvernement républicain et encensant tout aussi journellement M. Cambon.

Elle serait bien curieuse à feuilleter, la collection de ce journal, et il y aurait une instructive statistique à dresser des numéros, où, dans la même page, à la première colonne, M. Cambon était proclamé grand homme, tandis qu'à la deuxième colonne les ministres de la République, tels que M. Dupuy ou M. Casimir Perier, étaient couramment traités de vendus, de voleurs, de canailles, etc.

Peut-être m'objecterez-vous qu'on ne peut pas empêcher les gens de dire ce qui leur plaît et que M. Cambon devait, tout le premier, être fort marri des éloges à lui décernés par des écrivains qui malmenaient si fort ses chefs.

Mais sur ce point, précisément, le procès d'Alger a fourni des révélations tout à fait suggestives.

En effet, comme le président demandait à Massimi par quelle aberration il avait pu confier des sommes si considérables à un journal dont la situation peu prospère devait le frapper, l'accusé a répondu :

« Je n'avais pas d'inquiétudes, parce que le gouvernement général donnait des annonces et qu'il en promettait d'autres encore pour soutenir le journal. »

On goûtera certainement l'euphémisme des « annonces destinées à soutenir le journal » qui, chaque soir, injuriait le gouvernement de la République et où parut une série d'attaques personnelles, particulièrement remarquées, contre les magistrats français en Algérie.

Mais on retiendra aussi l'aveu, que le président de la Cour a relevé, d'ailleurs, avec beaucoup d'énergie, en dépit des dénégations un peu tard venues du rédacteur en chef de l'*Algérie*.

M. Cambon, du reste, s'est empressé de « lâcher » l'*Algérie*, dès qu'il eut constaté en quelle compagnie il s'était fourvoyé.

Aujourd'hui, les louanges du gouverneur sont chantées par un journal radical-socialiste qui a été spécialement créé à cet effet.

Est-il certain cependant que les mésaventures soient toutes et toujours évitées ?

Le jour même de la clôture de la session, on chuchotait, dans les couloirs du Palais-Bourbon, l'amusante histoire d'un télégramme destiné à ce journal. Le ministre de l'intérieur aurait trouvé que les appréciations qu'il contenait sur les débats parlementaires, sur le cabinet Méline en général et sur M. Barthou en particulier, étaient telles que le télégramme aurait été supprimé.

Veuillez agréer, etc.

On voit que l'administration de M. Cambon ne manque pas de variété.

Le journal de M. Cambon n'a, jusqu'à présent, trouvé rien à répondre à mes articles, sinon que cette campagne était payée.

Quand une personne qui n'est pas honnête en injurie une autre, elle lui donne l'épithète qu'elle mériterait elle-même. On peut juger de la valeur morale des gens d'après leurs procédés de polémique.

En tous cas, je ne connais aucun fonctionnaire qui ait chaque année à sa disposition six millions dont il ne rende compte à personne. Il n'y a qu'un homme en France qui ait cette extraordinaire situation : c'est le gouverneur général de l'Algérie.

LES AMIS DE M. CAMBON

Des défenseurs compromettants.

Les amis de M. Cambon commencent à s'émouvoir. La *Libre Parole* était restée muette. L'*Intransigeant* avait paru ignorer l'existence de M. Cambon depuis un mois. C'était trop. Les défenseurs de M. Cambon viennent à son secours. Mais quels sont ses défenseurs? les ennemis acharnés non seulement du ministère actuel, mais de tous les ministères républicains, sauf le ministère Bourgeois.

Je remercie ces défenseurs de M. Cambon. Il me manquait leur concours pour faire la démonstration complète que je n'exagérais pas en disant que la politique qu'il suit en Algérie est la politique boulangeo-socialiste.

En déclarant que M. Cambon est leur homme, l'*Intransigeant* et la *Libre Parole* achèvent ma preuve.

L'*Intransigeant* se lamente sur le départ de M. Humbert « soutenu et couvert par M. Jules Cambon ».

Pourquoi donc? sinon parce que M. Humbert représentait la politique chère à l'*Intransigeant*. Mais il nous semble que l'*Intransigeant* exagère quand il dit que M. Cambon « l'a soutenu et couvert ». Pas au moment décisif, en tout cas : car il l'a laissé sacrifier, tandis que lui garde son poste, et l'*Intransigeant* déclare solennellement qu'il est impossible « que le gouvernement puisse songer à un autre homme ! »

*
* *

M. Cambon a trouvé un nouveau défenseur dans la presse de Paris : c'est M. Lucien Millevoye, le boulangiste, l'homme de l'affaire Norton.

*
* *

Voici comment M. Cambon se fait défendre, à Paris, par la *Libre Parole* :

La Société Aynard et Cie persiste à annoncer la prochaine disgrâce de M. Cambon et son remplacement à bref délai par le jeune Jonnart.

Ce qu'il y a de plus fort, c'est qu'il paraît que ledit Jonnart ne tient pas autrement à devenir un petit satrape transméditerranéen ; mais le papa beau-père Aynard, qui aurait de très gros intérêts en Algérie, et notamment une grosse fabrique de ciment à Bougie, exige impérieusement que son gendre se dévoue.

Le très millionnaire Aynard est d'ailleurs tellement sûr de son succès, que son épouse aurait, nous affirme-t-on, déjà lancé, au nom de son gendre, des invitations pour une grande fête qui serait donnée au palais de Mustapha, le 20 février prochain.

Voilà qui dépasse, et d'un beau bout, le coup de la dépêche Guyot, pourtant déjà joli comme impudence !

La Juiverie opportuniste a réussi, grâce à la docilité du caniche Barthou, à remplacer M. Humbert, préfet de Constantine, par le Protestant Dufoix.

Quand elle aura son Jonnart au gouvernement général, la petite fête sera complète.

On voit de quelle manière les amis de M. Cambon traitent le ministre de l'Intérieur.

La fertilité de leur imagination est démontrée

par l'annonce de la fête du 20 février prochain au palais de Mustapha préparée déjà par madame Aynard. Une bourde d'une pareille impudence donne la valeur de toutes les assertions des défenseurs de M. Cambon.

J'avais bien raison de dire hier que la réputation d'habileté de celui-ci était usurpée. S'il croit que de pareils procédés peuvent inspirer aux hommes sérieux quelque considération pour sa personne et quelque confiance dans sa politique, il se trompe. C'est une singulière manière de se présenter au monde diplomatique que de choisir pour s'annoncer les rédacteurs de la *Libre Parole*.

*
* *

A propos d'un article bassement injurieux paru dans une feuille intransigeante de Constantine, *la Silhouette*, je lis dans le grand journal de Marseille, *le Sémaphore*, si sérieusement dirigé par M. Barthelet, membre de la Chambre de commerce de Marseille, les réflexions suivantes :

On ne se doute guère en France de tous les ravages

produits par la politique de M. Bourgeois. Quand les fonctionnaires, lâchés par les ministres qu'un caprice d'un Parlement abandonnait, se sont trouvés en face de M. Bourgeois et de M. Doumer, de M. Ricard et de M. Guyot-Dessaigne, de M. Combes et de M. Mesureur, ils ont compris que les modérés et les libéraux étaient incapables d'aider leurs amis, puisqu'ils n'étaient pas capables de se défendre eux-mêmes ; seuls, les radicaux devaient soutenir leurs défenseurs et attaquer leurs ennemis. Ils ont alors mis la main dans celle du ministère radical et ne l'ont pas retirée après sa chute. Et ils ont eu raison ; le ministère actuel a été plein d'amabilités pour les hommes de M. Bourgeois. Voyez ce qui s'est passé en Algérie. Le gouverneur général, M. Cambon, homme d'ordre, homme de gouvernement, a été abandonné maintes fois par les ministres de son opinion ; M. Bourgeois lui a ouvert les bras et l'a défendu avec détermination. Aussi, du coup, il s'est fait radical-socialiste. Et si, en Algérie, le parti opportuniste ne vaut pas cher, le parti radical-socialiste-antisémite ne vaut certainement pas mieux. Il a pourtant défendu les socialistes et laissé ou, pour mieux dire, fait commettre par ses subordonnés toutes les infamies, On resterait incrédule, en France, si on racontait ce qu'ont fait à Constantine la Préfecture et le Parquet. Notre confrère, M. Yves Guyot, a cru devoir protester. Et alors, voici en quels termes un journal du gouverneur général et du préfet parle de l'honorable directeur du *Siècle* :

(Suit l'article de la *Silhouette* que le *Siècle* a reproduit hier.)

Nous reproduisons l'article en entier, car de telles injures, venues d'où elles viennent, sont un honneur. Mais si M. Cambon, si M. Humbert, si M. Giraud ont favorisé un tel régime et de telles gens, nous ne les en faisons pas responsables; pas même M. Bourgeois n'est le vrai coupable, mais bien le ministère qui, siégeant depuis plus de la moitié d'une année, n'a pas su obtenir l'obéissance de ses fonctionnaires.

Je me permets de signaler au ministère actuel les réflexions du *Sémaphore*.

Nouvelle constatation.

J'ai montré par les exemples publiés dans le *Siècle*, qu'à Paris comme en Algérie, M. Jules Cambon ne se fait défendre que par la calomnie et l'injure. Ce que je tiens à constater aujourd'hui, c'est qu'aucune des nombreuses accusations formulées contre l'administration du gouverneur général et portant sur des faits précis, déterminés, n'a été, jusqu'ici, l'objet d'un démenti quelconque.

Bien au contraire, la seule fois que M. le ministre de l'Intérieur se soit livré à une enquête sérieuse sur un acte de pression extraordinaire qui lui avait été signalé — j'ai nommé l'affaire Belloir, — M. Barthou a acquis la preuve de la culpabilité des fonctionnaires mis en cause, bien qu'ils eussent été couverts par M. Cambon à la tribune de la Chambre, lors de l'interpellation Fleury-Ravarin.

M. le ministre de l'Intérieur arriverait au même résultat pour tous les autres incidents qu'il croirait utile d'examiner de près.

UNE ÉLECTION SÉNATORIALE

Procédés électoraux.

Je reçois la lettre suivante de Constantine :

Constantine, le 29 décembre 1896.

A monsieur Yves Guyot, directeur du SIÈCLE, *Paris.*

Le télégraphe nous apporte un résumé de l'article intitulé « la Politique boulangeo-socialiste », que vous avez publié dans le *Siècle* d'hier matin.

Cet article est destiné à produire dans tout le département une très grande impression. Il dénonce enfin, sous une signature autorisée, la honteuse pression exercée par le préfet Humbert, sur l'ordre de M. Jules Cambon, en vue d'assurer l'élection de délégués sénatoriaux radicaux-socialistes. Il expose avec précision la scandaleuse affaire Belloir, dans laquelle le préfet Humbert, et le gouverneur général Jules Cambon qui l'a couvert à la tribune de la Chambre, ont été convaincus d'avoir caché la vérité à M. Barthou et d'avoir produit des rapports... inexacts.

C'est un véritable soulagement pour l'opinion publique indignée et outragée de savoir que cet incident Belloir, dont tout le monde se raconte ici les moindres détails, sera enfin connu à Paris et en France. Cette publicité obligera probablement le gouvernement à sévir. Quelle est donc cette mystérieuse influence qui protège, en Algérie, sous un ministère modéré, un gouverneur et un préfet radicaux-socialistes, coupables des manœuvres les plus incorrectes, pour ne pas dire davantage? Ce ministère s'était montré autrement sévère à l'égard du préfet de Marseille.

Et l'incident Belloir n'est pas un fait isolé. Il y en a d'autres, tout aussi graves, en très grand nombre, sur lesquels le gouvernement est fixé, sans cependant avoir simplement procédé aux enquêtes, réclamées par les victimes de MM. Cambon et Humbert. Cette partialité extraordinaire et inexplicable du Cabinet modéré a semé le découragement parmi ses partisans, qui se voient abandonnés à la terreur radicale-socialiste. Il a fallu la vaillante campagne, que vous menez avec tant de vigueur, pour ranimer les énergies chancelantes et raviver les esprits déçus, désemparés.

Aussi, une réaction commence-t-elle à se manifester. Les amis de l'ordre se réorganisent et ils ont résolu de combattre avec ardeur le candidat sénatorial radical-socialiste, patronné par M. Cambon, malgré la pression officielle qu'il exerce, en dépit du départ du préfet Humbert.

M. le gouverneur général, qui croyait déjà avoir gain de cause, a donc jugé nécessaire d'intervenir à nouveau dans la bataille électorale. Sur les pressants appels de la faction radicale-socialiste, il vient d'envoyer à Constantine deux agents de sa police secrète, qui puisent leurs moyens d'action dans les fonds secrets. C'est que M. Jules Cambon joue à Constantine une partie décisive.

Si son candidat du parti radical-socialiste n'est pas élu le 3 janvier, le parti de l'ordre reprendra le dessus dans le département de Constantine, et le gouverneur général subira un échec personnel qui rendra sa situation intenable et qui serait gros de menaces pour l'avenir.

Mais pourquoi le gouvernement laisse-t-il subsister une équivoque qui ne profite qu'aux radicaux-socialistes? Pour quel motif ne dit-il pas nettement, ouvertement, que M. le préfet Humbert, convaincu... d'erreur, ne retournera pas à Constantine? Pourquoi ne dit-il pas ouvertement quelles sont ses intentions à l'égard de M. Cambon? Est-ce pour ne pas influer sur les élections sénatoriales? Nous comprendrions cette abstention si le gouverneur général et le préfet de Constantine s'étaient abstenus; mais ils ont tout fait, tout mis en œuvre, ils font tout pour faire triompher le candidat des radicaux-socialistes.

Alors, tandis que le ministère s'abstient d'agir contre le gouverneur général et contre le préfet, sous prétexte de respecter la liberté des électeurs, il laisse toute liberté au gouverneur général et au préfet de la violer pour assurer le triomphe d'un candidat qui, au Sénat, combattra leur politique.

Tout le monde sait ici que M. Treille a assuré M. Gérente qu'il suivrait sa politique au Sénat et tout le monde sait qu'au Sénat M. Gérente a suivi la politique du cabinet Bourgeois, de même que M. Samary à la Chambre suivait la politique du groupe socialiste.

Les amis du gouverneur général espèrent que l'élection au Sénat de M. Treille leur permettrait aux prochaines élections d'envoyer M. Morinaud rejoindre M. Samary au Palais-Bourbon.

J'insère cette lettre quoique les élections sénatoriales aient lieu avant que le *Siècle* qui la contiendra ne puisse parvenir à Constantine; mais il ne faut pas que le lendemain des élections sénatoriales, si M. Treille est élu, le gouverneur général et le préfet de Constantine puissent essayer de faire considérer cette élection comme une approbation de leur politique. Elle prouvera tout simplement que les moyens de pression électorale dont ils ont pu se servir ont eu de l'efficacité. Peut-être, lors de la validation des pouvoirs, trouverait-on au Luxembourg qu'ils en ont eu trop.

Ce que je tiens à constater, c'est la singulière situation si bien définie dans la lettre ci-dessus.

Le ministère pousse si loin le scrupule d'impartialité en matière électorale qu'il laisse le gouverneur général et le préfet employer tous les moyens de pression pour faire élire un sénateur contre lui.

Une audacieuse manœuvre.

Nous recevons la dépêche suivante de Constantine :

> Manœuvre de la dernière heure. Pression administrative du gouverneur, qui envoya un télégramme lu par le maire au congrès, affirmant qu'il ne serait pas remplacé.

Pour que M. Cambon ait envoyé ce télégramme, il faut :

Ou qu'il soit bien mal informé ;

Ou qu'il se soit dit avec désinvolture que le

succès immédiat était tout et que peu importait l'avenir;

Ou qu'il ait voulu lancer un défi au gouvernement.

M. Treille est nommé à dix-neuf voix de majorité. La *Petite République* triomphe avec M. Cambón: « notre ami Treille », dit-elle. La *Libre Parole* montre la même sympathie à « son ami Treille ».

Ce qu'il y a d'admirable, c'est que l'employé du ministère de l'Intérieur qui a communiqué à la presse la statistique électorale a rangé parmi les républicains gouvernementaux « l'ami » de la *Petite République*, de la *Libre Parole* et de M. Cambon!

Un candidat officiel.

M. Treille, le cher ami de la *Libre Parole*, de la *Petite République*, de M. Millevoye et de M. Cambon, a été envoyé siéger au Sénat à côté de M. Gérente par dix-neuf voix de majorité.

Il n'est point un produit spontané. Le gouverneur général et l'ancien préfet de Constantine,

M. Humbert, avaient fait, pour assurer ce succès modeste, tous leurs efforts, comme le prouve la lettre suivante que nous recevons d'un de nos amis :

Constantine, le 3 janvier 1897.

Dans votre article du 29 décembre dernier, sur la politique boulangeo-socialiste en Algérie, vous disiez avec juste raison que si M. Humbert était en congé, la pression administrative continuait à Constantine à s'exercer en faveur de la politique de M. Cambon, et qu'il était possible que celui-ci, en quittant l'Algérie, emportât la satisfaction d'avoir envoyé un sénateur dont la politique sera celle de M. Gérente et de M. Samary.

Cette dernière prévision vient de se réaliser. M. le Dr Treille, candidat des radicaux-socialistes, a été élu aujourd'hui par 105 voix contre 86 voix à M. de Saint-Germain.

Les partisans de l'ordre avaient résolûment engagé la lutte, mais ils ont été vaincus, grâce à la pression officielle, exercée sous toutes les formes.

Pendant sa tournée électorale, le candidat radical-socialiste se présentait partout comme le candidat du gouverneur général, et appuyait son affirmation au moyen de pièces, de lettres, émanant du cabinet de M. Cambon.

Les délégués douteux — c'est-à-dire ceux que l'on s'était efforcé à détacher du parti progressiste, sans toutefois pouvoir compter sur eux avec certitude, — étaient l'objet des faveurs gouvernementales.

M. Cauro, conseiller général, s'était déjà abstenu lors de l'élection du président du Conseil général, au mois d'octobre dernier, au lieu de voter comme précédemment avec le parti de l'ordre. Son fils a été nommé récemment aux fonctions de secrétaire adjoint de commune mixte.

M. Dicquemare, maire et délégué sénatorial de Biskra, n'avait pu, jusqu'à présent, obtenir l'approbation du vote de son Conseil municipal, lui allouant une indemnité annuelle. Il y a quelques jours, une dépêche du gouvernement général informait M. Dicquemare qu'une indemnité de 3,600 francs lui était accordée.

D'autres faits du même ordre pourraient être cités, mais les deux qui précèdent suffisent pour établir l'intervention officielle de M. Cambon en faveur des radicaux-socialistes.

Il ne s'en est pas tenu là, cependant. Avisé que, malgré tout, son candidat risquait une défaite, le gouverneur général, depuis hier, a réellement dépassé les bornes et s'est affranchi de la plus élémentaire réserve.

En vue d'agir sur les délégués des villages et d'amener ceux-ci à voter avec eux, les chefs radicaux-socialistes de Constantine menaçaient des foudres de M. Cambon et de la vengeance de M. le préfet Humbert — dont ils annonçaient le retour très prochain

— tous les indépendants qui oseraient se rallier au candidat du parti de l'ordre.

Ces menaces produisaient beaucoup d'impression sur des gens qui, menant la rude vie des colons algériens, ne sauraient être indifférents au concours de l'administration dans les nombreuses difficultés auxquelles ils doivent constamment faire face. Tel était bien le calcul de la faction radicale-socialiste, qui comptait ainsi réussir, par la terreur, où la persuasion et la corruption resteraient impuissantes.

Or, voilà qu'au 1er janvier, des télégrammes privés annoncèrent le remplacement imminent de M. Cambon à la tête du gouvernement général de l'Algérie.

Cette nouvelle jeta un vif émoi dans le camp des radicaux-socialistes. A moins d'un démenti formel, c'était la défaite certaine, inévitable. La menace et la terreur perdant toute action, la liberté et la sincérité du vote étant assurées, l'élection du candidat du parti de l'ordre ne faisait plus l'ombre d'un doute.

On s'adressa donc à M. Cambon pour le prier d'intervenir, et cet appel fut entendu.

Samedi, le cabinet du gouverneur général, par l'intermédiaire de l'agence Havas *à Alger*, envoya au journal radical-socialiste de Constantine le télégramme suivant : « Cette nouvelle (du déplacement de M. Cambon) est mise en circulation par des personnes intéressées. Elle est absolument dénuée de tout fondement. Pareille information est mise en mouvement journellement. Elle n'a aucun caractère de véracité. »

Du coup, la menace reparaissait aux yeux des délégués sénatoriaux des villages.

Mais M. Cambon, jugeant sa victoire sérieusement compromise, ne crut pas suffisante cette première manifestation.

Il en organisa une seconde, qui eut lieu samedi soir à la réunion préparatoire des électeurs sénatoriaux.

Aussitôt après la constitution du bureau, sous la présidence de M. Rouyer, président du Conseil général, on vit monter à la tribune le maire radical-socialiste de Constantine, ceint de son écharpe, qui déclara avoir reçu une mission spéciale, savoir celle de lire deux télégrammes, reçus de Paris du gouverneur général, et d'Alger du secrétaire général du gouvernement, à l'effet de démentir le bruit du déplacement imaginaire de M. Cambon.

Etant données les circonstances particulières dans lesquelles s'était déroulée la campagne électorale, cette intervention prenait le caractère d'une pression officielle des plus prononcées. De quel droit le maire radical-socialiste de Constantine parlait-il comme premier magistrat de la ville, ceint de son écharpe, dans la salle de la réunion, où le bureau avait été régulièrement constitué et où lui, maire, ne figurait qu'à titre de simple délégué sénatorial comme tous ses collègues ? En vertu de quelle délégation ce maire radical-socialiste pouvait-il être autorisé à lire devant une assemblée électorale qui ne lui avait donné aucun mandat, des télégrammes officiels de M. Cambon et du secrétaire général du gouvernement de l'Algérie?

L'incorrection du procédé saute aux yeux. Seulement, le gouverneur général, pris de court, n'avait pas eu le choix des moyens, et il s'agissait de démontrer aux délégués des villages que la menace d'une vengeance de l'administration restait toujours suspendue sur la tête de ceux soupçonnés de vouloir donner leur appui aux représentants du parti de l'ordre.

Enhardis par le concours ainsi ouvertement accordé de M. Cambon, les radicaux-socialistes imaginèrent, au surplus, un ingénieux système de contrôle sur les votes des délégués douteux. A l'ouverture du scrutin, on a trouvé, en effet, une dizaine de bulletins au moins, qu'il était difficile de ne pas considérer comme marqués, et que le bureau a eu le grand tort de ne pas annexer au procès-verbal. Ces bulletins portaient des indications extraordinaires, par exemple, celles-ci : *Le docteur Treille, le brave; Prière de lire Treille ; Treille, propriétaire à Cérès*, et ainsi de suite. Les esprits sceptiques se demanderont, en présence de pareilles désignations, si celles-ci ne devaient pas servir à faire constater le vote, en faveur du candidat radical-socialiste, de certains délégués dont, malgré la pression et la menace, on ne se croyait pas suffisamment sûr.

En outre, M. Cambon, pour achever son œuvre, a voulu faire une troisième manifestation personnelle. Dimanche matin, à l'ouverture du scrutin, des affiches blanches s'étalaient sur les murs de Constantine, et les électeurs sénatoriaux pouvaient lire la communication suivante :

Télégramme officiel.

« Paris, 2 janvier 1897.

» *Gouverneur général Algérie à Préfet, Constantine.*

» Je vous invite à démentir catégoriquement tous les bruits que l'on fait courir à mon sujet. »

Ce télégramme est un chef-d'œuvre de duplicité, digne de M. Cambon. Il ne dit nullement que le gouverneur général actuel ne sera pas déplacé à bref délai, mais pour les délégués sénatoriaux des villages, gens simples et moins subtils, il a l'air de le dire. Or, c'était là le seul résultat qu'il fallait obtenir. Si, comme on l'annonce, M. Cambon est nommé ambassadeur à Berne, il aura bien réellement trompé les électeurs sénatoriaux, mais il pourra soutenir à Paris qu'il n'a pas menti dans son télégramme du 2 janvier, puisqu'il n'y parle que des bruits mis en circulation à son égard, tout en se gardant bien de préciser. La manœuvre est sans doute habile ; contestera-t-on qu'elle soit incorrecte au premier chef et indigne d'un fonctionnaire aussi haut placé que le gouverneur général de l'Algérie ?

Voilà pourtant les moyens grâce auxquels M. Cambon, sous un ministère modéré, a pu faire élire à Constantine un sénateur représentant du parti radical-socialiste. Qu'en pensent MM. Méline et Barthou, et serons-nous condamnés à subir encore longtemps ce règne de la terreur, de la corruption et du désordre ?

M. Humbert n'est plus préfet. Il est appelé à d'autres fonctions. Le ministre de l'Intérieur l'a donc désavoué.

Mais M. Humbert, dans toute cette affaire, n'a été qu'un agent d'exécution du gouverneur général. Si le gouvernement frappe M. Humbert et ne frappe pas M. Cambon, on ne comprendra pas. Les gens soupçonneux penseront : — Il a osé frapper M. Humbert, mais il n'ose pas frapper M. Cambon parce qu'il est plus fort.

Si le gouvernement en restait à cette demi-mesure, elle indiquerait une politique vacillante. On croirait que le gouvernement est aux ordres de M. Cambon, comme les amis de M. Vel-Durand affirmaient qu'il ne pourrait pas toucher au préfet du Nord.

Il a eu cette audace. Le monde ne s'est pas écroulé.

Il aura aussi l'audace de notifier à M. Cambon qu'il ne saurait rester gouverneur de l'Algérie pour envoyer à la Chambre des députés des socialistes comme M. Samary, et des sénateurs comme MM. Gérente et Treille.

Si M. Cambon ne trouve pas suffisante la compensation qu'on lui offre, pour avoir mis le désordre en Algérie et avoir envoyé des adversaires du ministère actuel au Parlement, il n'y a rien de plus simple que de le mettre à même de méditer tout à son aise sur le héron de la fable de La Fontaine. S'il refuse la carpe, on peut lui laisser le limaçon.

Remerciements à la « Libre Parole ».

On lit dans la *Libre Parole* :

Nous avons reçu de notre ami Treille, le nouveau sénateur élu à Constantine contre les forces réunies de la Juiverie représentée par Thomson, et de la Calabre, représentée par Berlagna, la dépêche suivante :

« Je vous adresse, ainsi qu'à la *Libre Parole*, mes remerciements les plus vifs et ceux du parti français pour avoir si bien défendu notre cause, qui est avant tout celle de l'honnêteté publique et de la France même.

» TREILLE, sénateur. »

M. Millevoye, l'ancien boulangiste, a reçu la même dépêche.

Si la *Petite République* n'insère pas une dépêche semblable, elle doit l'avoir reçue aussi, ou M. Treille est un ingrat, car M. Viviani célébrait avec chaleur la victoire de « son ami Treille ».

L'employé du ministère de l'Intérieur qui a classé M. Treille parmi les républicains de gouvernement a commis un lapsus ; c'est le candidat du gouverneur qu'il a voulu écrire.

A bas le Sénat!

La *Libre Parole* essayait hier de représenter son bon ami Treille, le bon ami aussi de M. Millevoye, et le bon ami de M. René Viviani, comme un sénateur bien sage. C'est que les procédés qui ont servi à faire proclamer élu M. Treille par 19 voix de majorité peuvent être gênants au moment de la discussion de la validation des pouvoirs. Et puis le caractère de ce succès peut gêner M. Cambon à Paris. Il faut essayer de le transformer. M. Treille veut se glisser au Sénat en ami. Une fois qu'il y sera installé, il votera avec M. Gérente : mais pour qu'il puisse y voter, il faut d'abord qu'il y soit.

Voici un article dû à M. Morinaud, le grand électeur de M. Treille, l'ami de M. Viviani, le protégé de M. Cambon, le rédacteur en chef du journal qui soutient à Constantine la politique du gouverneur général, celui qui officiellement est désigné comme son candidat pour les prochaines électious législatives. On verra comment un journal officieux, bien vu par l'administration, traite le Sénat.

Nous donnons le texte de cet article :

« *A bas le Sénat.*

» *Les vieux débris sénatoriaux viennent encore de faire des leurs.*

» *Décidément, les enfants s'amusent.*

» *Malheureusement pour eux, le jeu auquel ils se livrent va devenir particulièrement dangereux pour leurs antiques personnes.*

» *Ces gâteux — ne voulant pas faire mentir les leçons de l'histoire, — désirent sans doute que le peuple se porte en masse sur le Luxembourg et qu'il les jette, par quelque clair après-midi d'avril ou de mai, par les fenêtres où sont si souvent passés leurs prédécesseurs.*

» *Ces méprisables politiciens ont perdu toute espèce de pudeur.*

» *Il y a quelques jours, ils refusaient leur confiance au ministère qui négociait avec l'Angleterre sur la grave question d'Égypte !*

» *Ces sans-patrie viennent encore de faire mieux ! Hier, ils ont refusé au ministère le vote des crédits qu'il demandait pour l'entretien de nos braves soldats à Madagascar.*

» *Voilà de quoi sont capables ces effrontés coquins, qui n'ont mené leur campagne contre le gouvernement actuel qu'à la suite de l'arrestation d'Arton, de la réouverture des instructions sur les Chemins de fer du Sud et le Panama, — et surtout à la suite du projet de loi sur les incompatibilités parlementaires, — loi qui aura pour conséquence de mettre les écumeurs financiers du Sénat, les Tirman et autres pirates, en demeure de choisir entre leur mandat et ceux qu'il leur fait toucher dans maintes sociétés d'exploitation publique !*

» *Allons, la coupe est pleine*

» *Quand on est en présence d'une assemblée semblable, — capable de tous les crimes de lèse-patrie pour satisfaire ses basses rancunes, — il n'y a plus qu'à l'exécuter.*

» *Sus au Sénat, citoyens!*

» *Et que tous les Français répètent avec nous ce cri, — puisque ces misérables ne respectent même plus, — dans l'enivrement de leurs lamentables haines, — l'armée, nos soldats de Madagascar, la patrie!*

» E. MORINAUD. »

Cet article, si plein d'atticisme, a paru le 23 avril, au moment de la crise qui mit fin au cabinet Bourgeois, à la veille des élections municipales. Que le journal de M. Morinaud fût officieux à ce moment, on le comprend. Il attaquait le Sénat pour le compte du ministère Bourgeois. M. Cambon pouvait le montrer au président du conseil et lui dire : — Vous voyez avec quelle énergie je vous fais défendre par mes journalistes.

M. Bourgeois, un peu gêné, devait répondre comme il l'a fait à Grenoble : — C'est un peu trop!

Mais maintenant, ce n'est plus M. Bourgeois qui est au pouvoir, c'est M. Méline. Il ne représente pas la politique du cri : A bas le Sénat!

Par conséquent, ce qui était parfait d'un journal officieux à cette époque est maintenant fort discordant. Ce journal devrait être de l'opposition. Pas du tout, c'est toujours le journal officieux du plus haut fonctionnaire de l'Algérie, et en continuant de crier : A bas le Sénat! il a patronné le candidat officiel du Sénat qu'il présentait comme le candidat gouvernemental.

Les défenseurs radicaux-socialistes.

Voici deux nouvelles indications, prouvant une fois de plus que les partisans et les défenseurs de M. Jules Cambon sont bien les radicaux-socialistes.

La *Républicain*, de Constantine, le journal radical-socialiste rédigé par M. Morinaud, l'ami de M. René Viviani, et qui a soutenu avec acharnement la candidature de M. Treille, également favorisée par le gouverneur général, se fait télégraphier de Paris et publie dans son numéro du 16 janvier la dépêche suivante :

Le préfet de Constantine est venu hier au Sénat, pour y voir M. Treille, sénateur de notre département, à qui il fut chaudement recommandé par des groupes de sénateurs divers, notamment par M. Baduel, président de la gauche démocratique.

Voilà donc une tentative très significative de placer, dès le début, le successeur de M. Humbert à Constantine sous le patronage des partisans de M. Léon Bourgeois, des adversaires politiques du ministère actuel. C'est ainsi que se manifeste de suite l'action du nouveau sénateur, dont nous devons l'élection à M. Cambon sous un cabinet modéré.

D'autre part, dans le télégramme publié par l'*Écho de Paris*, et que le *Siècle* a reproduit avant-hier, les opportunistes algériens sont désignés comme les adversaires du gouverneur général. C'est un aveu précieux, émanant d'un partisan de M. Cambon.

Le journal radical-socialiste *le Télégramme*, qui se publie à Alger, soutient énergiquement la politique de M. Jules Cambon.

Or, voici comment s'exprimait ce journal dans son numéro du 8 janvier, à propos du remplacement de M. Humbert comme préfet de Constantine :

Si M. Barthou croit arrêter, par ces exécutions aussi

injustes que maladroites, le flot montant du radicalisme, il se trompe.

Le ministre de l'Intérieur fera bien de se hâter s'il veut satisfaire toutes les rancunes de ses amis et exercer des représailles partout où son parti sera battu, car il a beaucoup à faire et son temps est compté.

*
* *

Au cours de l'excellente réponse que M. Barthou a faite mardi dernier au Sénat, à la question posée par M. Maxime Lecomte à propos du remplacement de M. Vel-Durand comme préfet du Nord, le ministre de l'Intérieur a dit :

M. Vel-Durand était trop engagé dans la politique du précédent ministère pour servir avec une autorité et une confiance intactes la politique simplement républicaine du cabinet actuel.

Et plus loin :

Exempt de l'esprit sectaire, il — (le gouvernement) — exige que les fonctionnaires soient responsables de leurs actes devant le ministère seul.

Or, au moment même où M. Barthou faisait ces déclarations si nettes et si fermes du haut de la tribune du Sénat, le journal *le Jour* publiait une interview du nouveau sénateur de Constantine, M. le Dr Treille, élu grâce à l'appui énergique de M. Jules Cambon.

Et voici ce qu'a dit M. Treille :

On ne croit pas (en Algérie) au déplacement de M. Cambon qui a reçu en quelque sorte de la Chambre, pour sa politique, l'approbation la plus éclatante qu'ait jamais obtenue un haut fonctionnaire.

Donc, aux yeux de M. Treille, qui exprime évidemment l'opinion des partisans de M. Cambon et de M. Cambon lui-même, le gouverneur général est directement responsable devant la Chambre qui lui a donné une sorte d'investiture, sur la proposition de M. Viviani et du groupe socialiste.

Toujours aux yeux de M. Treille, cette investiture permet à M. Cambon de se considérer comme indépendant du gouvernement, de faire en Algérie de la politique radicale-socialiste, et de se moquer ouvertement des ministres modérés, ses chefs hiérarchiques.

Les déclarations de M. Barthou au Sénat nous donnent le droit d'espérer que cette situation anormale cessera bientôt d'exister.

Comme M. Vel-Durand, M. Jules Cambon, qui fait élire des sénateurs et des députés radicaux-socialistes, — « est trop engagé dans la politique du précédent ministère pour servir avec une autorité et une confiance intactes la politique simplement républicaine du cabinet actuel ».

Malgré l'avis contraire de M. Treille, nous avons la conviction que M. Barthou ne tardera pas à prouver que M. Jules Cambon, comme tous les fonctionnaires, est responsable de ses actes devant le ministère seul.

Le candidat du gouverneur.

Il paraît que M. Jules Cambon n'avait rien négligé pour persuader le gouvernement de ce que l'élection de M. Treille comme sénateur de Constantine n'était pas dirigée contre le cabinet actuel ni contre la politique modérée. Les rapports de la préfecture de Constantine concluaient en ce sens, et après le 3 janvier, le gouverneur général provoqua même certaines déclarations, destinées à donner satisfaction à MM. Méline et Barthou.

Aussi, dans le travail de classement effectué au ministère de l'intérieur, M. Treille fut-il désigné comme républicain sans épithète, et j'ai des raisons de croire qu'à la place Beauvau on n'était pas éloigné de trouver exagérées les appréciations émises sur le caractère radical-socialiste de l'élection de Constantine.

Cette impression s'était déjà modifiée, à la suite de la présence de M. Treille, — signalée dans le *Siècle* du 9 février — au banquet présidé par M. Léon Bourgeois le 7 février dernier.

Le scrutin de vendredi au Sénat, sur l'élection de Toulouse, a classé définitivement M. Treille. Car M. Treille figure parmi les 39 opposants; en outre, et d'après le compte rendu du *Matin*, le sénateur de Constantine appartient à la gauche démocratique, c'est-à-dire au groupe qui a soutenu le ministère Bourgeois!

MM. Méline et Barthou sont donc aujourd'hui fixés. Ils savent qu'ils n'ont pas été exactement renseignés par l'administration algérienne sur l'élection sénatoriale de Constantine; que cette élection a eu le caractère d'une manifestation hostile à la politique modérée et au ministère, alors qu'on a voulu leur faire croire le contraire.

M. Treille vient de prouver lui-même qu'il est bien un produit de la politique radicale-socialiste de M. Cambon. Nous l'en remercions.

UNE MANIFESTATION SOCIALISTE

A CONSTANTINE

Les radicaux-socialistes constantinois ne peuvent se consoler de la disgrâce qui a frappé leur préfet, M. Humbert.

Aussi sont-ils en train de préparer une manifestation en sa faveur. Un appel a été publié à cet effet, le 12 janvier, par le *Républicain*, journal radical-socialiste de Constantine, celui-là même qui lançait en avril dernier le cri de « A bas le Sénat ».

On nous télégraphie, à ce sujet, de Constantine, le 25 janvier 1897 :

Les organes radicaux et socialistes de Constantine et du département ont publié samedi une proclamation adressée à tous les Français et *indigènes* pour les inviter à manifester au moment du départ du préfet Humbert, qui aura lieu demain mardi. La *Silhouette* publie cet appel en français *et en arabe*. Le *Républicain* avait convoqué pour hier dimanche à la mairie tous les groupes ouvriers. Ces journaux disent qu'il s'agit de venger le préfet Humbert. Heureusement que les républicains progressistes conseillent pour la plupart de ne pas faire de contre-manifestation. Autrement il y aurait des bagarres sanglantes. Espérons que les instructions données à la préfecture empêcheront que cette manifestation révolutionnaire contre une mesure ministérielle prenne un caractère dangereux.

Il est à remarquer que les journaux et les hommes qui poussent à cette manifestation sont les journaux et les hommes qui soutiennent la politique de M. Cambon.

*
* *

A propos de cette manifestation, un de nos correspondants de Constantine m'écrit :

Maintes fois déjà, des manifestations du même genre, préparées de la même façon, ont eu lieu à

Constantine. Les partisans de l'ordre, qui constituent la plus grande majorité des habitants de la ville, ne bougent pas en pareille occurrence et restent chez eux. En sorte que les rues sont livrées à une centaine de braillards, renforcés de gamins et d'Arabes auxquels on distribue quelques sous, et qui forment, dans le langage pompeux de M. Morinaud, l'ami de M. Viviani et le défenseur de M. Cambon, le « Tout-Constantine français ».

C'est plutôt le *Tout-Constantine des bas-fonds* qu'il faudrait dire !

Cette bande, toujours la même, et dont personne n'ignore la composition à Constantine, a pu opérer chaque fois sous l'œil bienveillant de la Préfecture et du Parquet, qui se sont bien gardés de jamais intervenir, même en présence de véritables appels au désordre et à la guerre civile.

N'était-ce pas le journal radical-socialiste qui lançait ces appels ? Et toutes ces manifestations n'émanaient-elles pas de l'initiative de M. Morinaud, l'ami de M. Viviani et l'agent attitré de M. Cambon ?

C'est ainsi que le gouverneur général faisait organiser, — avec une grande habileté, il faut le reconnaître, — des manifestations soi-disant populaires à Constantine en faveur de sa politique, manifestations destinées à impressionner le gouvernement et l'opinion publique en France.

M. Cambon savait bien, en effet, que les journaux constantinois et algériens n'étaient pas lus à Paris, en sorte que personne ne pouvait se douter ni du caractère des manifestations, ni de la moralité des gens qui y participaient.

Mais aujourd'hui, la situation n'est plus la même et le *Siècle* est là pour dénoncer toutes ces manœuvres et tous ces procédés honteux.

Or, à l'heure actuelle, les radicaux-socialistes de Constantine, les partisans avérés, avoués de M. Jules Cambon, cherchent à préparer une nouvelle manifestation antigouvernementale. Ils le font avec la complicité tacite et morale du gouverneur général, dont ils ont notoirement l'appui très effectif dans toute leur campagne. Ils le font aussi avec la complicité directe de M. Humbert, qui a soin de leur annoncer le jour et l'heure de son arrivée.

L'organisation de cette manifestation prouve que M. Cambon continue à se moquer du gouvernement.

***

Les journaux de Constantine, arrivés hier à Paris, permettent de suivre de près la préparation de la manifestation socialiste qui a eu lieu au départ de l'ex-préfet Humbert, conformément au télégramme publié dans le *Siècle* du 27 janvier. Le *Républicain*, organe radical-socialiste, a publié dans son numéro du 24 janvier un appel violent de M. E. Morinaud, adressé à tous les Français et indigènes de Constantine. On y lit, entre autres aménités, les phrases suivantes :

Il faut que nous vengions l'honnête préfet Humbert de toutes les infamies dont il a été abreuvé pendant son séjour à Constantine...

Notre devoir le plus strict est de montrer, par une manifestation solennelle, au gouvernement, quelles sympathies profondes laisse cet homme dans notre département.

Il part mardi, à 4 heures, par le train de Philippeville.

Abandonnons tous nos affaires dès trois heures de l'après-midi.

A la seconde page du même journal on lit :

Tous les ouvriers des différents syndicats sont priés d'assister à la réunion qui aura lieu dimanche soir, à 8 heures 1/2, dans la salle de la mairie.

Ordre du jour :

Organisation d'une manifestation ouvrière à l'occasion du départ de M. le préfet Humbert.

Il était impossible, dans ces conditions, de se

tromper sur le caractère nettement antigouvernemental de cette manifestation. Cependant, M. Jules Cambon, bien que prévenu plus de deux jours à l'avance, ne l'a pas empêchée.

*
* *

L' « Agence africaine » à Paris nous communique la dépêche suivante :

Constantine, 26 janvier 1897.

Une manifestation socialiste a été organisée par le journal *La Silhouette*, à l'occasion du départ de l'ancien préfet Humbert pour Philippeville. Les manifestants avaient à leur tête le conseil municipal socialiste de Constantine. Environ 150 Européens étaient noyés dans une foule de curieux et dans un nombre considérable de musulmans, dont beaucoup de femmes et d'enfants qui encombraient les abords de la gare.

M. Humbert a reçu dans le salon d'attente plusieurs délégations d'ouvriers ayant en tête un drapeau rouge avec les drapeaux français et arabe de la confrérie musulmane.

Après le départ du train, les manifestants ont défilé dans la ville aux cris de : « Vive Humbert ! »

La ville est tranquille et la véritable population ouvrière est écœurée.

Nous pensons que M. le ministre de l'Intérieur demandera des explications à M. le gouverneur général qui, prévenu depuis trois jours de cette manifestation organisée par ses amis, ne l'a pas empêchée.

Quant à M. Humbert, nous pensons qu'il doit être tellement satisfait de cette manifestation que le gouvernement renoncera, s'il en avait eu l'intention, à lui donner une compensation quelconque.

Cette manifestation est une nouvelle preuve de l'état d'anarchie dans lequel la politique de M. Cambon place l'Algérie.

*
* *

On me communique trois photographies prises à la gare de Constantine le 26 janvier dernier, au moment du départ de l'ex-préfet, M. Humbert.

Sur l'une d'elles, M. Humbert figure, entouré des adjoints au maire, — dont l'un est professeur au Lycée! — et des rédacteurs des journaux radicaux-socialistes, le *Républicain* et la *Silhouette*. Au premier plan, une bannière portant ces mots : Fédération des travailleurs socialistes de Constantine.

Cette photographie ne fait, en somme, que confirmer le caractère franchement antigouvernemental de la manifestation. Mais il y a un second cliché, pris à l'extérieur de la gare, qui mérite d'appeler l'attention.

Il permet, en effet, de se rendre compte que la foule, venue pour saluer M. Humbert, était composée presque exclusivement d'indigènes. Or, ceux-ci n'avaient pas agi spontanément; le journal radical-socialiste la *Silhouette* avait publié, dans son numéro du 24 janvier, un appel en arabe, invitant, excitant même les indigènes à manifester.

C'est là un incident des plus graves. Pour la seconde fois, les radicaux socialistes constantinois font intervenir la population arabe dans les luttes politiques entre Français. Ils ont inauguré ces ingérences dangereuses lors des élections municipales du 3 mai dernier, et à cette occasion l'énergie de l'autorité militaire a seule empêché la mise au pillage de plusieurs quartiers de la ville. Au 26 janvier dernier, de nouveaux troubles étaient à craindre ; heureusement, la préfecture ne se trouvait plus aux mains des radicaux socialistes, et les mesures d'ordre avaient été bien prises. Tout s'est donc borné à une grande mobilisation d'indigènes.

Mais c'est précisément cette mise en mouvement des arabes qui constitue une faute très grave.

Il est évident que toute ingérence de la population indigène, dans les luttes et les rivalités politiques des Français, ne peut avoir pour conséquence que d'ébranler notre autorité.

Notre obligation est de les gouverner avec justice.

Mais il n'y a justice que là où il y a impartialité.

Ceux qui les font entrer dans nos luttes, forcément leur promettent quelque chose en compensation, comme récompense de leur zèle pour tel ou tel parti ou de leur opposition à tel ou tel autre.

Deux fois, il a été fait appel aux indigènes à Constantine : au 3 mai pour assurer le succès des radicaux socialistes aux élections municipales; au 26 janvier, pour assurer le succès d'une manifestation que les Européens ne pouvaient pas faire à eux tout seuls.

Sans pousser aussi loin que mes correspondants de Constantine les appréhensions que cette immixtion des indigènes dans la politique française peut provoquer, il n'en est pas moins incontestable que les Arabes et les Kabyles n'oublieront pas les invitations qui leur ont été adressées. C'est un précédent pour eux.

Il leur indique qu'ils peuvent jouer un rôle entre les partis politiques français : et si, forts de cette prétention qui leur a été inspirée par ceux-là mêmes qui avaient la responsabilité de la sécurité et de l'ordre en Algérie, ils arrivaient à la pousser trop loin, un danger se présenterait. Quelqu'un ne manquerait pas de proposer la suppression de l'immixtion des Arabes dans les partis en supprimant les partis et la suppression des partis s'appellerait le régime militaire.

Je ne crois pas qu'il y ait aucun danger qu'on en arrive là ; mais rien que le seul fait qu'il puisse être entrevu en ce moment prouve la nécessité du changement de régime.

OPINION DE *LA LIBERTÉ*

On lit dans *la Liberté :*

Le discours de M. Cambon à l'ouverture de la session du conseil supérieur de l'Algérie, a fait à beaucoup de personnes l'effet du chant du cygne, bien que le gouverneur général ait, dit-on, rassuré ses amis les radicaux-socialistes sur la solidité de sa situation. Le fait est que ce haut fonctionnaire devra s'amender beaucoup ou s'attendre, par la force des choses, à voir venir un remplaçant qui représentera véritablement le gouvernement et ne lui fera pas la guerre dans les journaux officieux. Le sort du préfet du département du Nord doit être un avertissement. Ce n'est pas seulement une question de discipline politique, comme il est facile de le comprendre par ce que la coalition radicale-socialiste et antisémite a fait du pays. Ce qui n'est pas moins bizarre, dans la harangue de M. Cambon, c'est la désinvolture avec laquelle il a parlé des phosphates quand c'est lui qui a créé la difficulté, qui a paralysé cette industrie florissante et qui a mis au monde la légende des 108 milliards qu'il garde avec un soin jaloux, comme les dragons classiques des contes de fées.

UN VOL

A LA MAIRIE DE CONSTANTINE

On nous écrit de Constantine, le 29 janvier 1897 :

Il se passe des choses extraordinaires à Constantine, sous le règne de la municipalité radicale-socialiste, élue au 3 mai dernier avec l'appui de M. Jules Cambon.

Le Conseil municipal du chef-lieu du département prend part, sous la conduite du maire, à la manifestation antigouvernementale qui a lieu au départ de l'ex-préfet, M. Humbert, mis en disponibilité par M. Barthou, à la suite d'incidents tels que l'affaire Belloir.

Des registres contenant les certificats des déclarations d'indigénat faites en 1871, certificats signés par le juge de paix de l'époque, disparaissent des archives de la mairie, précisément au moment de la revision des listes électorales. Un journal ayant dénoncé le fait, le maire est obligé de le reconnaître sans pouvoir l'expliquer et de demander au Parquet l'ouverture d'une enquête!

Le gâchis le plus complet au point de vue administratif, une propagande politique nettement hostile au ministère au pouvoir, voilà les résultats provoqués à Constantine, dont le gouverneur général actuel peut s'attribuer tout le mérite devant le parti radical-socialiste de France et d'Algérie.

Je ne doute pas un instant que le nouveau préfet de Constantine, qui vient de rejoindre son poste, n'ait reçu avant son départ des instructions nettes et précises de M. Barthou, à l'effet de réparer dans la mesure du possible le mal fait par son prédécesseur. Mais quelle sera, malgré tout son bon vouloir, la situation de ce fonctionnaire, tant que le parti des radicaux-socialistes, auquel il est appelé à faire face, pourra s'intituler avec raison, grâce à la présence de M. Cambon à Alger, le parti du gouverneur général?

L'AFFAIRE DES PHOSPHATES

La Cour d'appel d'Alger, sur les conclusions conformes du ministère public, a confirmé, mercredi 3 février 1897, l'ordonnance déjà rendue à Guelma en référé, ordonnance rejetant la demande formulée par la commune mixte de Morsott, en vue de la mise sous séquestre des trois exploitations de phosphates à Tébessa.

En me parlant de cette nouvelle, un Algérien me disait :

— Si l'affaire des phosphates est devenue, aux yeux du public, le grand scandale algérien, c'est que M. Jules Cambon l'a bien voulu. Les partisans du gouverneur général, c'est-à-dire les radicaux-socialistes, prétendent qu'il mérite tous les éloges pour avoir dénoncé tous les honteux tripotages des phosphates et en avoir provoqué la répression. Ses adversaires déclarent que, dans toute cette affaire, M. Jules Cambon n'a eu d'autre but que celui d'accabler des ennemis politiques, en faisant lancer contre eux l'accusation — péremptoire par le temps de suspicion où nous vivons — de réaliser des bénéfices dans une entreprise créée par leur initiative.

De l'aveu de tous, le gouverneur général a exercé une influence décisive sur la tournure prise par la question des phosphates.

Or, l'administration, qui sous l'impulsion de M. Jules Cambon a cru devoir agir par tous les moyens contre les concessionnaires de Tebessa, n'a pas eu gain de cause, une seule fois, jusqu'à présent, devant les diverses juridictions saisies, soit au criminel, soit au civil.

M. Bertagna a été déféré à la justice sous l'inculpation d'abus d'influence. Deux instructions complètes ont eu lieu successivement à Constantine et à Bône ; elles se sont terminées par des non-lieux. Le procureur général à Alger a relevé appel devant la Cour de la décision des premiers juges : la Cour a purement et simplement confirmé celle-ci.

Contrainte et forcée par l'administration supérieure, la commune mixte de Morsott a assigné les concessionnaires de Tebessa en annulation des contrats intervenus. Le procès va être plaidé le 11 mars prochain devant le tribunal de Guelma. Mais en attendant, et toujours poussée par l'administration, la commune avait sollicité, en référé, la mise sous séquestre des exploitations de phosphates. Ayant essuyé un refus, elle s'était pourvue en appel. De son côté, la Cour vient de lui donner tort.

Tout cela n'est pas rassurant pour la cause de l'administration qui, en dehors du procès de Guelma, a encore, pour les phosphates, un litige très sérieux pendant devant le Conseil d'État. »

Cet Algérien ajouta :

— Nous verrons si les journaux ordinaires de monsieur Cambon, la *Libre Parole*, la *Petite République*, le *Jour*, parleront de cette décision judiciaire, eux qui ont fait tant de bruit à propos des phosphates.

Je ne pus que répondre : « Nous verrons. »

*
* *

J'ai reproduit dans le *Siècle* du 5 février les observations que m'avait présentées un Algérien, au sujet du récent arrêt de la Cour d'appel d'Alger dans l'affaire des phosphates de Tébessa.

— « Nous verrons », ainsi terminait mon interlocuteur, « si les journaux ordinaires de M. Cambon, la *Libre Parole*, la *Petite Répu-*

blique, le *Jour*, parlent de cette décision judiciaire, eux qui ont fait tant de bruit à propos des phosphates. »

Les journaux en question ont, jusqu'à présent, gardé le silence et je m'explique pourquoi.

On vient, en effet, de me faire parvenir le texte de l'arrêt rendu le 3 février par la Cour d'Alger. J'y trouve les deux considérants suivants, qui n'apprécient pas précisément d'une manière favorable l'attitude prise par l'administration.

Attendu qu'il est aisé de comprendre que l'exécution de la mesure réclamée, — (la mise sous séquestre des exploitations), — devrait inévitablement aboutir à une perturbation complète de toutes les affaires commerciales se rattachant à l'entreprise, à sa désorganisation et à sa ruine, à l'appauvrissement des communes de Morsott et de Tébessa, à des pertes d'argent pour le chemin de fer du Bône-Guelma, le port de Bône et l'État lui-même ;

Que la commune de Morsott est, en effet, dans l'impuissance d'établir à l'aide de quelles ressources il lui serait possible de faire face aux besoins d'argent nécessaires pour le traitement du séquestre :

Et plus loin :

Attendu que les prétentions de la commune de Morsott tendent bien plutôt à l'anéantissement du contrat qui lie les parties, qui, dans sa forme extérieure, ainsi que le premier juge l'a déclaré, a, quant à présent, toutes les apparences de la régularité et à qui, par suite, provision est due. »

Impossible de dire plus clairement que, dans cette affaire des phosphates, — autour de laquelle on a soulevé tant de scandales, — l'administration algérienne, soit le Gouvernement général et la préfecture de Constantine, ont voulu méconnaître des engagements réguliers, au mépris de tous les intérêts en cause, même de ceux des communes et de l'État.

Or, si l'on se rappelle la constatation faite par l'Algérien dont j'ai publié la conversation dans le *Siècle* du 5 février, que, de l'aveu de tous, le gouverneur général a exercé une influence décisive sur la tournure prise par la question des phosphates, on comprendra que la *Libre Parole*, la *Petite République*, le *Jour*, préfèrent ne point parler d'un arrêt dont les considérants constituent, en définitive, une critique des plus sévères du rôle de M. Jules Cambon.

UNE MANIFESTATION ANTISÉMITE

A ALGER

L' « Agence Africaine » à Paris a reçu la dépêche suivante :

Alger, 2 février 1897.

Depuis quelques jours, une grande effervescence régnait parmi les étudiants des Ecoles supérieures d'Alger, par suite de la nomination d'un professeur israélite, M. Lévy.

Samedi dernier, s'étant organisés en monôme, ils s'étaient rendus aux Ecoles supérieures, à Mustapha, en conspuant le recteur.

Hier matin, ils y revinrent pour conspuer M. Lévy qui faisait son cours.

La porte fermée fut enfoncée par les manifestants. Ceux-ci, faisant un formidable tapage, se répandirent dans les jardins en conspuant M. Lévy et le recteur, M. Jeanmaire.

Les étudiants se rendirent ensuite devant les bureaux de la *Vigie algérienne* pour exiger la rétractation d'un article paru hier, désapprouvant leur manifestation de samedi.

Les manifestants se livrèrent à des excès regrettables et brisèrent les vitres. La police dut intervenir pour disperser les étudiants; une arrestation ayant été opérée, ceux-ci allèrent chez le maire pour réclamer l'élargissement de leur camarade. Satisfaction leur ayant été donnée, les étudiants se dispersèrent en acclamant le maire.

D'autre part, nous recevons les renseignements suivants :

Le mouvement antisémite qui se manifeste parmi les étudiants d'Alger a son origine dans les excitations d'un journal local dont les attaches officieuses sont connues de tous. Ce journal n'est autre que l'*Akhbar*. Son officiosité plus dissimulée, plus discrète que celle du *Télégramme*, n'est cependant pas contestable.

Dès l'arrivée de M. Lévy, le professeur conspué, cette feuille a publié, sous la signature de M. Martin-Saint-Léon, président de la ligue antijuive, une note engageant les étudiants à ne pas laisser leur nouveau professeur prendre possession de sa chaire. La *Vigie algérienne* fut seule à protester énergiquement contre ce mauvais conseil donné à la jeunesse des écoles. Sous la signature de M. Allan elle invita les étudiants à conserver une attitude digne et elle fit remonter à l'inspiration cambonienne le conseil de manifester qui venait de leur être donné.

Grâce aux mesures prises le calme ne fut pas troublé à l'Ecole de droit; l'installation de M. Lévy eut lieu sans incident.

Il est évident que la manifestation d'hier est la conséquence de la politique radicale-socialiste du gouverneur actuel de l'Algérie. En effet, la cheville ouvrière de cette politique est l'antisémitisme. C'est par là qu'elle débute; c'est sa première phase; c'est son premier moyen. Tout radical-socialiste doit être antisémite et inversement.

Par conséquent, si M. Cambon est avec les radicaux-socialistes, il est avec les antisémites. Et si un professeur agrégé de l'Ecole de Droit, si un universitaire de talent est conspué, ce n'est pas à un autre qu'à lui qu'il faut en faire remonter la responsabilité.

De plus, ce qui vient de se passer devant les bureaux de la *Vigie Algérienne* montre bien quel sort est réservé aux journaux qui se mêlent, en Algérie, de défendre les idées loyales et tolérantes et qui veulent s'élever au-dessus des questions confessionnelles.

Ce n'est pas seulement contre les professeurs des Ecoles supérieures que M. Cambon lance les antisémites qu'il tient admirablement dans sa main, c'est aussi contre les journaux qui ont le tort de ne pas approuver sa politique.

Pour qui se souvient des troubles antisémites qui eurent lieu à Alger, à plusieurs reprises, des magasins qui furent pillés à différentes époques, il n'y a qu'un rapprochement possible à faire entre l'attitude énergique et protectrice des gouverneurs d'alors et celle tout opposée du proconsul d'aujourd'hui.

*
* *

L'*Agence Havas* publie la dépêche suivante :

Alger, 5 février 1897.

Les étudiants d'Alger ayant protesté récemment contre la nomination à la Faculté d'un professeur israélite et ayant fait une démonstration contre un journal d'Alger et troublé le cours par une protestation, le recteur d'Académie fit publier une circulaire menaçant d'expulsion les meneurs des troubles.

A la suite de cette publication, les étudiants décidèrent hier soir, à l'unanimité, de ne plus se présenter à aucun cours jusqu'au déplacement du professeur, qu'ils réclament du ministre de l'instruction publique, auquel ils envoient une délégation.

M. le ministre de l'Instruction publique répondra à ces étudiants que, s'ils ne veulent pas continuer leurs études, c'est très fâcheux pour eux, et que s'ils veulent se contenter du diplôme, d'antisémites, ils n'ont qu'à s'adresser à la *Libre Parole*.

Leurs parents trouveront peut-être alors que le brevet d'antisémites, dont M. Ed. Drumont les jugera dignes, ne les conduira pas à une position avouable.

*
* *

L'*Intransigeant* du 10 février publie une lettre sur les incidents soulevés par les étudiants d'Alger, lettre qui se termine par ce pronostic menaçant que « la manifestation pourrait revêtir demain le caractère d'un mouvement des plus hostiles contre la race sémite dans ce pays d'Algérie, où elle est déjà tant détestée ».

Cet article de l'*Intransigeant* vient corroborer les renseignements que j'ai publiés dans le *Siècle* du 3 février, et qui tendent à démontrer que l'antisémitisme est la cheville ouvrière de la politique radicale-socialiste du gouverneur général actuel de l'Algérie.

En Algérie, tout radical-socialiste a le devoir d'être antisémite ; tout antisémite est obligatoirement un radical-socialiste ; enfin, les uns et les autres sont forcément les partisans de M. Jules Cambon.

Celui-ci peut revendiquer le triste honneur d'avoir allié les débris de l'ancien parti boulangiste et les radicaux intransigeants ; d'avoir réuni tous les agitateurs, les ratés et les aigris de la colonie à qui il a donné comme drapeau l'antisémitisme, et d'avoir ainsi créé cette tumultueuse faction du désordre que, dès l'avènement du ministère Bourgeois, il a cru habile d'aiguiller nettement vers le socialisme.

Par sa circulaire du mois de décembre 1895 au sujet de l'indigénat, M. Cambon donna des gages aux antisémites, et provoqua cette campagne des radiations juives sur les listes électorales, qui, pendant toute l'année 1896, a été une cause incessante de troubles, et dont cependant la Cour de Cassation a été loin d'approuver les bases légales.

Dans ces conditions, il n'est pas douteux que la responsabilité morale des manifestations actuelles des étudiants d'Alger ne remonte au gouverneur général. C'est en vain qu'il y a deux ou trois jours, pour donner le change à l'opinion publique à Paris, M. Cambon a refusé de recevoir la délégation de la jeunesse des écoles supérieures. L'*Intransigeant* du 10 février ne dit-il pas que M. le sénateur Treille a demandé aux étudiants de lui envoyer tous les documents relatifs à leur affaire, et n'est-on pas convaincu en Algérie que M. Treille, élu le 3 janvier dernier à Constantine comme candidat de M. Jules Cambon, est le porte-parole de celui-ci au Parlement?

Les antisémites, c'est-à-dire les radicaux-socialistes, se croient assurés de l'appui du gouverneur général. Et c'est là où gît le danger de la situation. M. Cambon voudrait aujourd'hui se poser en défenseur du parti de l'ordre qu'il ne pourrait plus le faire. Les fauteurs de troubles se réclament de lui, se placent sous son patronage, et aux yeux de l'opinion publique du pays le gouverneur général n'a plus ni le droit, ni l'autorité de les répudier.

*
* *

On nous écrit d'Alger, le 13 février 1897 :

L'agitation antisémite, provoquée parmi les étudiants d'Alger à la suite de la nomination de M. le professeur Lévy, semble être entrée dans la voie de l'apaisement définitif.

On mande, en effet, d'Alger, qu'une délégation des étudiants s'est rendue auprès du recteur M. Jeanmaire, et a obtenu de lui la promesse d'intervenir auprès du ministre en faveur des deux frères Régis, exclus des cours.

La même délégation est ensuite allée chez M. Lévy, et a obtenu de celui-ci l'oubli du passé et le rétablissement de l'entente. D'un commun accord, les cours ont dû recommencer Lundi dernier aux Écoles supérieures d'Alger.

Je ne puis que féliciter les étudiants d'avoir enfin compris la situation et de s'être décidés à prendre l'initiative des démarches qu'on était en droit d'attendre d'eux.

Je tiens à ajoûter, aujourd'hui que l'incident est terminé, que les étudiants pouvaient, jusqu'à un certain point, invoquer une excuse en faveur de leur attitude agressive et indisciplinée.

Ils avaient, en effet, des raisons très sérieuses de croire que l'appui du gouverneur général ne leur ferait pas défaut.

Le journal le *Télégramme*, paraissant à Alger et connu dans toute l'Algérie comme le journal officieux de M. Jules Cambon, les soutenait énergiquement et menait une campagne à fond contre le recteur d'académie et contre le préfet d'Alger qui avait eu l'audace de dissoudre l'association des étudiants.

Dans les numéros du 9 et du 10 février, notamment; le *Télégramme* a publié des articles violents, dans lesquels il s'est oublié jusqu'à désigner MM. Jeanmaire et Granet sous les sobriquets pleins d'atticisme de : « tête de buis » et « bonbon fondant. »

Ceci constituait un encouragement très significatif, émanant de M. Jules Cambon, en faveur des étudiants, et cela non seulement aux yeux de ceux-ci, mais encore de l'opinion publique algérienne en général. Si donc l'incident s'est prolongé et a pris des proportions extraordinaires, c'est l'attitude équivoque, le double jeu de M. Cambon qui en ont été la seule cause.

A ce propos, je ne saurais mieux faire que de reproduire l'appréciation de l'*Echo d'Oran*, le journal le plus important de la province occidentale d'Algérie. Voici comment il s'exprime:

« Voulez-vous un exemple frappant d'anarchie? Examinez froidement ce qui se passe à propos des étudiants d'Alger.

» Une autorité supérieure, dont on ne dit pas le nom, met en mouvement gendarmes et agents de police.

» Le gouverneur refuse de recevoir une délégation des manifestants.

» Le préfet prend un arrêté prononçant la dissolution de l'association.

» En même temps, les étudiants qui projettent une fête, remplacent sur les programmes, pour la présidence d'honneur, le nom du recteur par celui de M. Cambon.

» Il s'agirait de s'entendre cependant.

» Est-ce le préfet, lui tout seul, qui donne une consigne rigoureuse au commissaire central? Est-ce lui tout seul également qui a pris un arrêté?

» Et, dans ce cas, l'autorité du gouverneur aux pouvoirs forts, que devient-elle ?

» Mais si M. Granet, comme cela est probable depuis la suppression des rattachements, n'a pas agi sans consulter le gouverneur, comment ce dernier accepte-t-il la présidence d'une fête donnée par des jeunes gens qu'il fait pourchasser ?

» Nous trouvons-nous devant une seconde édition de la scène Bertagna ?

» N'est-ce point de l'anarchie, et de l'anarchie voulue? »

L'ANTI-SÉMITISME A ORAN

27 février 1897.

Dans un des premiers articles, consacrés à l'administration de M. Jules Cambon, le *Siècle* a publié, le 6 décembre 1896, une lettre d'Algérie, suivant laquelle le gouverneur général, après avoir livré aux radicaux-socialistes le département d'Alger achevait de leur donner la haute main sur le département de Constantine et ne tarderait pas à faire subir le même sort au département d'Oran, s'il était maintenu en Algérie.

En ce qui concerne le département de Constantine, l'élection sénatoriale du 3 janvier a fourni la démonstration, à quel point les prévisions de mon correspondant étaient fondées. Aujourd'hui les lettres et les nouvelles qui me parviennent de différents côtés, prouvent que ces prévisions sont également en train de se réaliser pour le département d'Oran.

Celui-ci est, depuis quelque temps, le théâtre d'un mouvement antisémitique qui va en s'accentuant ; les récents incidents au Conseil municipal d'Oran sont très significatifs à cet égard. Or, c'est par un pareil mouvement, comme nous l'avons vu à Alger et à Constantine, que débuta en Algérie l'assaut des radicaux-socialistes à la conquête des pouvoirs publics. De l'aveu de tous, le département d'Oran est d'ores et déjà contaminé. M. Jules Cambon va y exercer l'action dissolvante dont les néfastes résultats se constatent d'une manière malheureusement trop sensible dans les deux autres départements algériens.

Il ne serait pas étonnant que le gouverneur général essayât de suivre à nouveau la tactique qui lui a réussi plusieurs fois, et cherchât à rejeter la responsabilité des événements sur le préfet du département en cause. Mais si ce procédé d'une incorrection évidente a pu réussir autrefois, lorsque le véritable rôle de M. Jules Cambon était ignoré à Paris, il ne saurait plus être appliqué avec succès à l'heure actuelle, d'autant moins que l'attitude politique de

M. Malherbe, préfet d'Oran, a toujours été franchement et nettement favorable aux idées d'ordre.

Il importe de le constater une fois de plus : la responsabilité du gouverneur général est seule engagée. Elle l'est à Oran comme à Constantine, comme à Alger, où le préfet, M. Granet, se voit également battre en brèche par M. Jules Cambon, ainsi que le *Siècle* l'a signalé dans son numéro du 17 février.

L'ŒUVRE DE PITIÉ ET DE JUSTICE

DE M. CAMBON

L'œuvre de pitié.

J'ai déjà montré que chacune des affirmations de M. Cambon était en contradiction avec les faits ; j'ai exposé la politique socialiste et anarchique dans laquelle il avait jeté l'Algérie. Je reçois une nouvelle lettre d'un correspondant qui montre de la manière la plus claire que, s'il parle d'une manière à Paris, il agit d'une autre à Alger.

Alger, lundi 7 décembre 1896.

« Mon gouvernement aura cet orgueil d'avoir fait

œuvre de pitié, de justice, et, j'ose le dire, d'indépendance. »

Telles sont les paroles par lesquelles M. Jules Cambon a terminé son discours dans l'interpellation Fleury-Ravarin, à la séance de la Chambre du 10 novembre dernier.

Rarement, affirmation plus audacieuse aura été portée à la tribune.

L'indépendance du gouverneur général actuel ne s'est manifestée que par la guerre incessante, acharnée, qu'il a entreprise depuis cinq ans contre le parti modéré et progressiste en Algérie. Et, chose curieuse, — qui prouve bien, d'ailleurs, l'indépendance de M. Jules Cambon à l'égard du gouvernement, — cette guerre n'a jamais été plus vive, plus impitoyable que sous le cabinet Méline !

Cependant, même pour les plus adroits, chaque médaille a son revers. En se faisant l'homme-lige des radicaux-socialistes algériens, en s'appuyant sur les anciens boulangistes de la colonie, le gouverneur général en est arrivé, par la force même des choses, à abdiquer sa liberté entre les mains de ceux qu'il entendait conduire à l'assaut du parti gouvernemental. Aujourd'hui, M. Jules Cambon obéit à M. René Viviani qui est notoirement le dispensateur de toutes les places et de toutes les faveurs en Algérie ; il est le prisonnier de M. Marcel Habert et de la *Libre Parole*, qui sont ses défenseurs attitrés à Paris, et tous ces agitateurs lui ordonnent de marcher contre les partisans de l'ordre républicain, lui font accomplir des actes que, dans son for intérieur, il doit condamner. Mais n'est-il pas leur esclave, leur instrument? Qu'adviendrait-il de lui, le jour où il ne pourrait plus menacer le ministère d'une attaque dans la *Libre Parole* ou d'une interpellation à la Chambre de M. Viviani? Voilà à quel prix M. Jules Cambon a acheté son indépendance vis-à-vis du gouvernement, de ses chefs hiérarchiques!

Mais cela ne lui a pas suffi. « Il a fait œuvre de pitié, » a-t-il dit. En réponse à cette affirmation, que ne peuvent-ils se lever, les fonctionnaires grands et petits, frappés par M. Jules Cambon, parce qu'ils n'ont pas voulu s'associer à son œuvre de haine et de désorganisation sociale! On peut les compter par dizaines, ceux qui ont vu fouler aux pieds leurs droits incontestables à l'avancement, parce qu'ils ont refusé d'invoquer la protection toute puissante de M. René Viviani. Et que dire enfin, des victimes dont « l'œuvre de pitié » du gouverneur général a certainement contribué à abréger les jours!

La fin d'un honnête homme.

Dans des lettres récentes, quelques-uns de mes correspondants d'Alger me parlaient de la manière dont M. Cambon avait sacrifié M. Muller.

En voici une bien touchante et d'une éloquence poignante, dans sa simplicité. L'auteur l'a intitulée : *La fin d'un honnête homme.* On ne pouvait trouver un meilleur titre.

Alger, 8 décembre 1896.

Vous avez appris la mort de M. Muller, ancien secrétaire général du gouvernement de l'Algérie, universellement estimé dans la colonie et que tout le monde ici regrette. C'était un homme robuste, et rien ne faisait présager une mort si prochaine ; le chagrin l'a tué.

M. Muller avait fait toute sa carrière en Algérie ; n'ayant point de relations dans le monde politique, il s'était élevé par un travail acharné, par son seul mérite. Personne ne connaissait mieux que lui les hommes et les choses d'Algérie et sa présence au secrétariat général du gouvernement était une garantie de bon ordre, d'impartialité et de régularité administrative.

C'était le plus droit et le plus vigilant des fonctionnaires ; une conscience servie par une intelligence et une érudition remarquables.

C'était évidemment pour M. Cambon un témoin gênant, au moment où le Gouverneur, trahissant le parti qui avait édifié sa fortune administrative, se décida à livrer le gouvernement de la colonie à la coalition des boulangistes et des socialistes, à la *Libre Parole* et à la *Petite République.*

M. Cambon n'eut de cesse qu'il délogeât son secrétaire général. Séjournant à Paris dix mois sur douze, il confia à des policiers sortant des bas-fonds de la Préfecture de police la mission de surveiller étroitement M. Muller et même de lui transmettre ses volontés. Ces derniers jours encore, ce dernier nous contait toutes les souffrances morales qu'il avait endurées, pris entre son devoir et l'obligation où il se trouvait d'assurer le pain de ses enfants, car après trente ans de labeur, après avoir rempli beaucoup de missions importantes et rendu tant de services, il était pauvre.

Rien de plus odieux que cette guerre mesquine, incessante, à coups d'épingle, entreprise par un puissant fonctionnaire, comblé par la fortune, irresponsable, fortement appuyé à Paris, disposant sans contrôle de crédits dépassant six millions, contre un de ses collaborateurs que défendaient seuls sa haute probité et son constant dévoûment aux intérêts généraux de l'Algérie !

Malgré de continuelles avanies, d'une perfidie et d'une malignité révoltantes, M. Muller restait à son poste, refusant obstinément de sacrifier aux passions de la coterie qui a envahi le gouvernement général, et de donner la moindre signature de complaisance, quand son chef entendait utiliser pour les besoins de sa politique les fonds légalement destinés à l'assistance publique, à la constitution de la propriété indigène, à la colonisation, aux communes indigènes du Sud, dont ni le Gouvernement, ni le Parlement, ni personne ne peut, dans l'état de choses actuel, demander compte au gouverneur.

Malheureusement ce qui devait arriver arriva.

M. Cambon apprit l'hiver dernier que M. Bourgeois cherchait l'occasion de donner un gros avancement à un sous-préfet de ses amis ; il alla le voir et le convainquit aisément que le secrétariat général du gouvernement conviendrait tout à fait à son protégé. C'est pourquoi, au lieu d'envoyer à Alger un inspecteur général des finances particulièrement chargé de procéder à une enquête approfondie et impartiale sur les dépenses du gouvernement général, en lui prescrivant formellement de ne pas se laisser charmer à l'arrivée par le gouverneur, de ne pas devenir, avant même de commencer son travail, le familier et le complaisant du palais de Mustapha, comme cela s'est vu trop souvent, le ministère Bourgeois au commencement de cette année remplaça M. Muller, au secrétariat général, par M. Berseville, aimable homme qui ne connaissait pas le premier mot des questions algériennes.

Mais on dit de M. Bourgeois que s'il est dévoré d'ambition, il s'en faut qu'il soit dépourvu de bons sentiments. M. Muller vint à Paris, le vit et produisit sur lui la meilleure impression par la droiture de son caractère et la franchise de son allure.

Le Président du conseil du cabinet radical s'empressa de lui déclarer que le Gouvernement n'avait rien, absolument rien à lui reprocher ; que la mesure prise à son égard, ardemment réclamée par le gouverneur, ne constituait pas une disgrâce et qu'il serait très prochainement appelé soit à une trésorerie générale, soit à une perception de Paris.

Quelques jours après, M. Muller recevait un télégramme de M. Cambon chargé de l'informer officiellement des bienveillantes dispositions du ministère.

Quand M. Méline a succédé à M. Bourgeois, ce dernier eut la loyauté de faire connaître à son successeur dans quelles conditions M. Muller avait été déplacé, et les engagements qu'il avait pris vis-à-vis du plus honorable des fonctionnaires. Malheureusement, en même temps, M. Cambon se démenait pour empêcher le nouveau ministère de réaliser ces promesses. Il y est parvenu et on le comprend sans peine ; un ministre des finances saisit toujours avec joie le premier prétexte qui s'offre à lui pour évincer un candidat à une Recette générale et à une Perception de Paris ! Nous devons dire à la louange de M. Bourgeois que la situation pénible de M. Muller lui fut un remords et qu'il n'hésita pas, au cours de l'été, à l'accompagner chez le Président de la République pour affirmer à nouveau que son gouvernement n'avait rien eu à reprocher à ce fonctionnaire et qu'une compensation lui était due.

La compensation ne vint pas.

Indignés de l'injustice criante dont il était victime,

sachant que s'il se décidait à parler les procédés du gouverneur soulèveraient les protestations de l'opinion publique, les amis de Muller lui conseillèrent de s'adresser aux Chambres et à la presse. Il répondit simplement : « Il n'est pas possible que le gouvernement républicain puisse abandonner un vieux républicain comme moi qui a toujours fait son devoir, qui le faisait déjà au moment où, simple employé du gouvernement général, M. Cambon ne fréquentait que chez l'archevêque et les congréganistes d'Alger. »

Et perdu dans Paris, ignorant de l'intrigue, il revint ici. Nous le revîmes, il y a quelques jours, nous souriant tristement quand nous tentions de relever son courage, affaissé, considérablement vieilli, plus que jamais inquiet de l'avenir des siens. Il était frappé au cœur ; il vient de mourir, laissant une nombreuse famille dans la situation la plus médiocre. Sa femme et ses enfants pleurent silencieusement ; leurs larmes n'altéreront pas la félicité parfaite que goûte notre gouverneur.

Fort de la faiblesse du cabinet modéré et de l'énergique appui des anciens boulangistes et des socialistes, M. Cambon poursuivra sa route, comptant sur l'impunité.

Il déclarait l'hiver dernier à un personnage non politique qui jouit ici d'une grande considération et qui en fut profondément scandalisé : « Je briserai Muller ; ce ne sera qu'un jeu pour moi. »

Vous vous rappelez avec quelle émotion habilement feinte dont la Chambre s'est émue — et avec quelle parfaite inconvenance d'ailleurs — il racontait à la tribune nous ne savons quelle mauvaise plaisanterie qu'un journaliste algérien, inexcusable assurément, s'était permise vis-à-vis de madame Cambon. Avouez que quand le vice-roi de Mustapha s'amuse, ses plaisanteries sont autrement douloureuses et cruelles ! Il ajoutait dans cette mémorable séance de la Chambre : « Quelque jour, les larmes se paient. » Plaise au Ciel que pour cette fois il ait dit la vérité.

Je n'ajoute rien à ces lignes empreintes d'une émotion si poignante.

Voilà l'œuvre de pitié de M. Cambon?

L'œuvre de justice.

Je reçois de l'un de mes correspondants d'Alger la lettre suivante :

Alger, 7 décembre 1896.

L'œuvre de justice de M. Cambon ! Sait-on en France de quelle manière elle se traduit ?

Depuis un an, le gouverneur général a fait déférer à la justice un grand nombre d'hommes politiques algériens, notamment des maires et des conseillers généraux. Presque toutes les informations judiciaires ainsi ouvertes ont été dirigées contre des partisans connus des idées modérées et progressistes. Aussi bien, l'opinion publique ne s'y est-elle pas trompée et a-t-elle dénoncé cette mobilisation de la magistrature comme une manœuvre, imaginée par M. Jules Cambon, en vue d'influencer le corps électoral à la veille des élections municipales, dans le but de faire obtenir la majorité à la faction radicale-socialiste.

Que cette appréciation n'ait été fondée, on ne saurait plus en douter aujourd'hui. Car enfin, aucune des instructions judiciaires en cours, et qui durent depuis six ou huit mois, sinon davantage, n'a encore été clôturée par un renvoi devant les assises ou devant les tribunaux correctionnels. Par contre, plusieurs non-lieu ont été rendus, et l'on est à peu près certain qu'il y en aura d'autres.

Ces faits ne sauraient manquer de frapper l'opinion publique en France. « L'œuvre de justice » de M. Jules Cambon apparaît, en effet, comme une campagne de poursuites politiques, comme une tentative scandaleuse de se servir de la magistrature pour déshonorer des républicains modérés et progressistes afin de livrer cette malheureuse Algérie aux agitateurs radicaux-socialistes.

Sont-ce là les mesures que la Chambre a entendu approuver par son vote ?

Recevez, monsieur le directeur, etc.

Si dans une discussion sur l'Algérie, un député posait la question dans ces termes à M. le ministre de l'intérieur, que pourrait-il répondre ?

M. Cambon et M. Bertagna.

Un correspondant nous raconte un incident fort curieux.

Le 23 janvier 1897, à trois heures de relevée, M. Cambon, entrant au conseil supérieur, se trouva en présence de M. Bertagna. Il alla à lui spontanément, lui serra affectueusement les mains, l'appela : « son cher ami ».

M. Cambon a voulu sans doute prouver par cet acte ses aptitudes pour la diplomatie ; mais il donne une idée de plus en plus complète de son caractère.

*
* *

Nous avons signalé dans le *Siècle* du 26 janvier l'attitude prise par M. Cambon vis-à-vis de

M. Bertagna à la session, actuellement en cours, du Conseil supérieur de l'Algérie.

Voici les renseignements complémentaires que nous recevons sur cet incident, dont s'occupe toute la presse d'Alger :

En entrant dans la salle du Conseil, le gouverneur général est allé droit à M. Bertagna, la main tendue, et lui a adressé la parole en ces termes :

« Bonjour, cher ami. Vous ne sauriez croire combien je vous ai plaint. Un entretien est indispensable ; je compte que vous me ferez le plaisir de venir me voir lundi matin. Je vous attendrai. »

La démarche spontanée de M. Jules Cambon a produit un effet énorme sur tous les délégués et sur les fonctionnaires, membres du Conseil supérieur. Depuis bientôt deux ans, toute la presse radicale-socialiste et boulangiste qui soutient la politique du gouverneur général, tant à Paris qu'en Algérie, s'est acharnée contre M. Bertagna, l'a couvert d'injures et traîné dans la boue. Il a été soumis à vingt-huit instructions judiciaires qui ont été closes par des ordonnances de non-lieu, confirmées en appel par la Cour d'Alger. Bref, tout a été mis en œuvre pour amener la chute définitive, irrémédiable de M. Bertagna, et ce sont les partisans de M. Cambon qui ont poursuivi cette guerre à mort, dans laquelle non seulement la situation politique mais encore la considération et l'honneur de leur adversaire devaient sombrer. Toute l'Algérie suivait attentivement les phases de cette lutte, qu'on était unanime à envisager comme un duel personnel entre le gouverneur et M. Bertagna. Les radicaux-socialistes n'ont-ils pas présenté l'élection sénatoriale de Constantine comme une nouvelle victoire de M. Cambon sur son adversaire, définitivement réduit à l'impuissance ? N'ont-ils pas, ces jours-ci, dénoncé l'audace et l'impudence de M. Bertagna, osant se rendre à Alger pour remplir son mandat de délégué au Conseil supérieur ?

Et voilà que M. Cambon, en appelant M. Bertagna « son cher ami », en le plaignant, désavoue toute cette haineuse et violente campagne ! A quel mobile a-t-il obéi en agissant ainsi ? On ne saurait le dire. Ce qui est certain, c'est que l'opinion publique en Algérie estime que le gouverneur général s'est ouvertement condamné lui-même et a irrévocablement perdu l'autorité morale qui pouvait encore lui rester.

D'ailleurs, si M. Barthou a quelque curiosité de savoir comment M. Cambon s'exprime sur ses chefs hiérarchiques, les membres du gouvernement, il devrait bien s'inquiéter de connaître le résumé de la conversation que M. Cambon a eue avec M. Bertagna, le 25 janvier écoulé.

M. Bigonet.

Le 11 décembre dernier, j'ai inséré dans le *Siècle* une correspondance d'Alger qui parlait, entre autres choses, de « l'œuvre de justice » de M. Jules Cambon.

Il y était dit que les informations judiciaires ouvertes contre des maires et des conseillers généraux progressistes constituaient, aux yeux de l'opinion publique algérienne, une manœuvre politique imaginée par le gouverneur général; qu'elles avaient eu pour but d'influencer le corps électoral en vue de faire obtenir la majorité à la faction radicale-socialiste; qu'enfin ce qui prouvait le bien fondé de cette appréciation, c'était qu'aucune des instructions en cours n'avait encore été clôturée par un renvoi devant les tribunaux compétents, alors qu'il y avait eu plusieurs non-lieu et que d'autres allaient probablement suivre.

Cette dernière prévision vient de se réaliser. Je reçois, en effet, l'avis que M. Bigonet, conseiller général de Bordj-bou-Arréridj, délégué au conseil supérieur pour le département de Constantine, vient d'être l'objet d'une ordonnance de non-lieu rendue en sa faveur.

M. Bigonet était déféré à la justice depuis environ un an. C'est un de ceux que les radicaux-socialistes ont poursuivis avec le plus d'acharnement. Toute la presse qui soutenait M. Jules Cambon, et qui passe pour recevoir ses inspirations, a sans cesse attaqué M. Bigonet avec la dernière violence. La décision judiciaire intervenue à l'égard de celui-ci est-elle considérée en Algérie comme un nouvel échec pour le gouverneur général; un blâme indirect qui lui est infligé par la magistrature algérienne? Qu'on se rappelle les non-lieu en faveur de M. Bertagna, la confirmation de ces ordonnances par la Cour d'appel d'Alger, et, tout récemment, l'arrêt de cette même Cour en date du 3 février dans l'affaire des phosphates!

UN DERNIER MOT

Les faits historiques et M. Cambon.

Trois ou quatre jours après la séance du 26 mars du Sénat, dans laquelle M. Cambon avait parlé de la colonisation, j'ai rencontré un Algérien qui m'a tenu ce langage :

— Vous avez lu le discours de M. Cambon ?

— Oui. Il est plein d'amertume et de pathétique. Du reste, il a dit que tous les gouverneurs de l'Algérie, depuis 1830, avaient été les victimes de l'ingratitude des Français établis en Algérie. Il a lié son sort à celui de tous ses prédécesseurs, y compris M. de Bourmont qui, après avoir trahi à Waterloo, fut le grand homme de guerre de la Restauration.

Il a raconté que le maréchal de Bourmont fut obligé de s'éloigner de sa conquête africaine, seul, emmenant le corps de son fils sur un brick de commerce autrichien et à l'abri d'un pavillon étranger. Il a ajouté :

Cet épisode m'a toujours frappé comme le symbole de ce qui attendait tous les hommes qui se sont occupés de l'Algérie, quels qu'ils aient été et quelque grands qu'ils aient été.

Nous autres, nous sommes des modestes à côté de certains noms qui honorent l'histoire de l'Algérie. Ces hommes-là n'ont pas été plus épargnés que nous. Qu'importe ! Le temps leur fait justice.

— Eh bien ! me dit mon Algérien, M. Cambon ne respecte pas plus les faits historiques que les faits contemporains. Je viens de copier justement ce que dit Camille Rousset, l'ancien historiographe du ministère de la guerre, dans son *Histoire de la conquête d'Alger*. Le voici.

Mon interlocuteur me remit la citation suivante ; elle est peut-être un peu longue, mais elle m'a paru vraiment intéressante :

Une vague inquiétude gagnait les esprits dans Alger

même. Ce n'était plus de l'expédition de Blidah ni de ses suites probables qu'on se préoccupait ; ce n'était point vers l'Atlas que se portaient tous les regards anxieux : c'était la mer qu'on interrogeait, qu'on épiait. On ne savait rien de cette France, où l'on sentait que devaient se passer des événements importants, décisifs peut-être...

Enfin arrivèrent les dépêches officielles. Une lettre du général Gérard, commissaire du gouvernement au département de la guerre, fut remise à M. de Bourmont. Elle était datée du 2 août ; elle confirmait tout ce que les communications privées avaient déjà fait connaître : « Informez, y était-il dit, l'armée de ce qui s'est passé, et faites prendre aux troupes la cocarde tricolore... »

M. de Bourmont n'en eut pas moins, au premier moment, la pensée d'une tentative de réaction. Le 12 août, il convoqua un grand conseil de guerre ; le vice-amiral Duperré refusa d'y assister de sa personne, mais il s'y fit représenter par le contre-amiral Mallet. Le maréchal proposa de laisser 12,000 hommes pour la garde d'Alger, d'embarquer le reste de l'armée, de rejoindre à Toulon la division de réserve, de marcher sur Lyon avec ces troupes et celles qu'on pourrait s'adjoindre en chemin et de mettre cette force à la disposition du roi. Pour l'exécution d'un tel projet l'adhésion de la marine était la condition préalable, elle fut tout de suite et nettement déniée ; le vice-amiral Duperré coupa court à toute discussion en faisant déclarer qu'il avait déjà envoyé son adhésion au gouvernement provisoire...

Pour M. de Bourmont, la dynastie ne lui paraissait pas encore absolument déchue. Le 16 août, il fit paraître l'ordre du jour suivant : « Sa Majesté le roi Charles X et monseigneur le Dauphin ont, le 2 août, renoncé à leurs droits à la couronne en faveur de monseigneur le duc de Bordeaux. Le maréchal commandant en chef transmet à l'armée l'acte qui comprend cette double abdication et qui reconnaît monseigneur le duc d'Orléans comme lieutenant-général du royaume. Conformément aux ordres de monseigneur le lieutenant-général du royaume, la cocarde et le pavillon tricolores seront substitués à la cocarde et au pavillon blancs... »

Le 2 septembre, de grand matin, les vigies de la marine signalèrent une voile : c'était un vaisseau de guerre, l'*Algesiras*. Il portait à son bord le nouveau général en chef. Les saluts d'usage furent échangés ; vers une heure, le général Clauzel débarqua dans le port. Avant son arrivée à terre, le maréchal de Bourmont, par un ordre du jour court et simple, avait fait ses adieux à l'armée. Le lendemain, il s'éloigna d'elle pour toujours. Il avait demandé d'être conduit à Mahon par un bâtiment de l'État ; avec une rigueur que les règlements expliqueraient peut-être, mais qui n'en était pas moins excessive et cruelle, l'amiral Duperré refusa d'y consentir. Ce fut sur un brick de commerce autrichien que le maréchal prit passage, le

3 septembre, à la tombée du jour, avec deux de ses fils. Le général Clauzel fut moins dur que l'amiral Duperré : Quand le brick étranger commença à prendre la mer, le canon, par son ordre, salua encore une fois l'ancien commandant en chef de l'armée française.

— En effet, dis-je, voilà les choses ramenées au point. Du reste, je ne vois pas bien comment en 1830 des colons algériens auraient pu montrer de l'ingratitude envers le maréchal de Bourmont ou tout autre, puisqu'il n'y en avait pas.

Mon Algérien continua :

— Mais depuis, il y a eu des colons : eh bien ! jamais ils n'ont témoigné d'ingratitude envers les divers gouverneurs qui se sont succédé en Algérie. Ils n'ont point demandé leurs origines. Ils ont passé facilement sur tels ou tels épisodes discutables de leur carrière. Ils n'ont vu que les services qu'ils ont rendus à l'Algérie et ils leur en ont tous su gré.

Certes, il y avait fort à dire sur le maréchal Bugeaud. Non seulement il a été le geôlier de Blaye, le meurtrier de Dulong ; il avait été mêlé à l'affaire de la rue Transnonain. Il y a sur son compte quelques histoires fâcheuses dans ses rapports avec Abd-el-Kader. Au point de vue politique, il ne pouvait être sympathique aux Algériens ; son nom n'en est pas moins resté populaire. Il est considéré comme un des grands hommes de l'Algérie, parce qu'il a contribué à consolider la conquête et qu'il a eu une foi profonde dans son avenir.

Certes, la population française en Algérie a toujours eu des tendances républicaines. Eh bien ! vous pouvez voir sur la place du gouvernement une statue du duc d'Orléans. Si, en 1848, quelques énergumènes eurent l'idée de la renverser, ils durent renoncer à leur projet devant le sentiment de généreuse gratitude de la foule.

Voici les noms de ces divers gouverneurs qui se sont intéressés à l'Algérie et sont restés vivants dans la mémoire des Algériens : Lamoricière, Pélissier, Mac-Mahon lui-même qui, quoique estimé, était peu aimé, le vice-amiral Gueydon, malgré ses tendances cléricales et antirépublicaines ; tous ceux, en un mot, qui se sont attachés avec énergie et persévérance à l'œuvre de la colonisation, ont été tous l'objet de la reconnaissance des Algériens et non pas de leur ingratitude.

— Mais vous me citez des noms qui sont déjà anciens.

— M. Cambon n'avait-il pas cité l'épisode du départ du maréchal de Bourmont ?

— C'est juste.

— Si j'ai cité ces noms, c'est que je ne veux pas parler des vivants. Je voulais seulement rectifier cette assertion de M. Cambon qui veut faire croire que tous ses prédécesseurs partagent l'impopularité dont il est frappé en Algérie ! Et qu'a-t-il donc fait pour mériter la reconnaissance des Algériens ? Depuis six ans qu'il est gouverneur général, il n'a pas passé dix mois en Algérie. Est-ce là donner un exemple pour encourager des Français à venir y résider ? Au lieu de s'occuper de l'Algérie, il ne s'est occupé que de sa situation personnelle à Paris. Peu lui importait l'Algérie, pourvu qu'il vît souvent les ministres, les hommes politiques, les journalistes, et qu'il fût solide dans la capitale. Cet éloignement systématique de sa résidence en Algérie est le symbole de toute sa politique qui n'a été qu'une politique personnelle.

Aussi, au lieu d'essayer de réunir toutes les bonnes volontés pour le bien de l'Algérie, a-t-il fait son petit Machiavel. Il a exploité les haines; il les a fomentées au besoin : et il a cru habile de développer la politique radicale socialiste qui est la plus propre à paralyser le développement de la colonisation, à en éloigner les gens sérieux et les capitaux. Oui, M. Jules Cambon a eu raison de le dire au Sénat. Son gouvernement restera une page sombre dans l'histoire de l'Algérie; et quand on apprendra son départ définitif, il y aura un soupir de soulagement de Nemours à la Calle.

— Eh bien ! vous voyez bien que M. Cambon n'avait pas tort de dire qu'il ne laisserait pas de regrets en Algérie.

— Non. Seulement il a eu tort de dire qu'il en a été de même de tous le gouverneurs. C'est en vain qu'il a voulu les solidariser avec lui. Il reste et nous espérons qu'il restera une exception.

Et moi aussi.

FIN

TABLE DES MATIÈRES

Préface v

L'interpellation Fleury-Ravarin 1

Contrôle nécessaire 1

Administration irresponsable 5

Une vraie pétaudière 9

La politique socialiste en Algérie 11

L'œuvre du gouverneur général 11

Assertions erronées 14

Un démenti. 19

L'affaire Janier 21

Enquête indispensable. 27

Première conclusion 38

Mesure urgente. 41

Un agent de M. Cambon. — M. le préfet Humbert. 43

Simples questions. 43

Affaire Sliman-Ben-Aïssa 44

Comment on obtient un bureau socialiste. 45

L'affaire Belloir. 51

Commencement de satisfaction 57

Le commanditaire d'un journal officieux 59

Les amis de M. Cambon 65

Des défenseurs compromettants 65
Nouvelle constatation. 70

Une élection sénatoriale 73

Procédés électoraux. 73
Une audacieuse manœuvre. 77
Un candidat officiel. 78
Remerciements à la « Libre Parole » 86
A bas le Sénat ! 87
Les défenseurs radicaux-socialistes. 91
Le candidat du gouverneur 95

Une manifestation socialiste à Constantine 97

Opinion de « la Liberté ». 107

Un vol à la mairie de Constantine 109

L'affaire des phosphates 111

Une manifestation antisémite à Alger 117

L'anti-sémitisme à Oran. 127

L'œuvre de pitié et de justice de M. Cambon. 131

L'œuvre de pitié 131
La fin d'un honnête homme. 133
L'œuvre de justice. 139
M. Cambon et M. Bertagna 141
M. Bigonet 144

Un dernier mot. 147

Les faits historiques et M. Cambon. 147

ÉMILE COLIN — IMPRIMERIE DE LAGNY

OUVRAGES DU MÊME AUTEUR

La Science économique (*Bibliothèque des sciences contemporaines*). Un vol. in-12, contenant 67 graphiques, 2e édition (Reinwald, édit.).

L'Impôt sur le revenu (Rapport fait au nom de la Commission du budget, 1886). Un vol. in-18, 3 fr. 50 (Guillaumin, édit.).

La Suppression des octrois (Rapport fait à la Chambre des députés, 1888). Une brochure in-8° (Challamel, édit.).

Étude sur les Doctrines sociales du Christianisme, nouvelle édition augmentée d'une préface et d'un appendice. Un vol. in-18, 3 fr. 50 (Ernest Flammarion, édit.).

La Tyrannie socialiste. Un vol. in-18, 1 fr. 25 (Ch. Delagrave, édit.).

Les Principes de 89 et le Socialisme. Un vol. in-18, 1 fr. 25 (Ch. Delagrave, édit.).

La Propriété. Origine et évolution. Réfutation de la thèse communiste de Paul Lafargue. Un vol. in-18, 3 fr. 50 (Ch. Delagrave, édit.).

Trois ans au Ministère des travaux publics. Un vol. in-18, 3 fr. 50 (Léon Chailley, édit.).

La Morale de la Concurrence. Une brochure. (*Questions du temps présent.*) (Armand Colin et Cie, édit.).

Les Tribulations de M. Faubert (*L'impôt sur le revenu*). Une brochure in-18, 1896, 1 franc (Ernest Flammarion, édit.).

Voyages et Découvertes de M. Faubert. Un vol. in-8°, 1896, 3 fr. 50 (Ernest Flammarion, éditeur).

L'Économie de l'effort. Un vol. in-18, 1896, 4 francs (Armand Colin et Cie, édit.).

Quesnay (*Petite bibliothèque économique*, 1896). (Guillaumin, éditeur).

ÉMILE COLIN — IMPRIMERIE DE LAGNY

www.ingramcontent.com/pod-product-compliance
Ingram Content Group UK Ltd.
Pitfield, Milton Keynes, MK11 3LW, UK
UKHW020332230726
13925UKWH00002B/751